[新]潮新書

上原善広
UEHARA Yoshihiro

# 被差別のグルメ

640

新潮社

# はじめに

昔、路地（同和地区）の中でよく語られたのが、

「被差別部落から逃げても、差別は付いて回る」

という言葉だ。

その具体例として挙げられたのが、路地の食文化であった。

一九七〇年代、ある女性が路地から引っ越して、出自を隠して、一般男性と結婚した。彼女は徹底的に路地という出自を隠し、やがて子ももうけた。しかし、彼女は幼い頃から慣れ親しんだ食文化だけは隠しきれなかった。

煮物にアブラカスやホルモンを入れる。

サイボシを買ってきては食卓に出す。

アブラカスは牛の腸を炒《い》り揚《あ》げたもので、サイボシは馬肉の燻製《くんせい》のことだ。いずれも路地でしか食べられていない。

そんな、今まで見たこともない食事を出された夫は、やがて彼女の出自を知ることとなり、彼女は夫やその親戚から執拗《しつよう》なイジメに遭い、結局、無理やりに離縁させられたという話だ。

この話にはいろんなバージョンがある。

その後、女性は夫一族に対して訴訟を起こした、部落解放同盟に駆けこんで糾弾《きゅうだん》した、いや挙句《あげく》には自殺した、という類《たぐい》の話である。

私はこれを、少年時代からよく聞かされたものだ。

いま思うと出来過ぎた話で、かなり単純化された嫌いはあるが、これが実際に起こった事件を元にしているのは間違いない。そう断言する理由は単に、私が事件を実際に知っているからだ。

しかし、べつに路地に限らず、結婚した夫婦が大なり小なり最初に出食わすのが、その食文化の違《ちが》いだろう。

例えば同じ都道府県内だったり、地元出身者同士であれば、その違いはせいぜい家庭間の味付け程度で済むが、他の都道府県の出身者同士が結婚すると、まずその食卓に上がる料理が、ことごとく違うという経験をした人も多いだろう。さらに東日本と西日本くらい広がると、その違いはさらに大きくなる。

　こうした県別の違いを列挙していけばキリがないが、地域の食文化の違いは、多くの人が経験したことがある。そうした土地によって異なる料理法が、東京などに出てきたときに故郷の味や、おふくろの味となり、それが世間一般に「ソウルフード」と呼ばれるようになったのは、当然のことのように思える。

　しかし「本物のソウルフード」とは、先に記したように、それを出すだけで〝離婚沙汰〟になる恐れがあるほど、苛烈なのだ。

　昔の話とはいえ、実際にそういうことはあったのである。そのため路地によっては「差別されるから止《や》めよう」と、完全に食べることを諦めたところもあるほどだ。こんなことは、単に「故郷の味」であるならあり得ない。

　だから本当の「ソウルフード」とは、簡単にいえば、人から「差別される料理」のことである。

「故郷の味」や「おふくろの料理」といった、ほのぼのとした料理ではないのだ（もちろん路地出身者にとっては、ホッと安心できる故郷の、そしておふくろの料理なのだが)。

では、日本国内の「被差別の食卓」とは一体、何であろうか。

路地の他にはやはり、アイヌ民族の料理は欠かせないだろう。

時々、主に政治家たちによって「アイヌなんかいない」という発言がなされることがある。これについても、その真偽を特に考えなければならないだろう。

また「アイヌ」という言葉を知っていても、実はアイヌをルーツに持つ人の多くが、関東一円に住んでいることまで知っている人は意外に少ない。北方少数民族については、その存在すら知らない人が多いだろう。時に「縄文的」と評されるアイヌや彼らの食文化は、日本料理のルーツになる可能性を秘めている。

また琉球(沖縄)の島々の料理も欠かせない。「島差別」という言葉があるように、琉球では本島以外の離島がより下位に見られてきた歴史をもつ。その本島自体も、実は弱い立場にあるにもかかわらず、だ。

それは路地と、在日韓国・朝鮮人との関係にも似ている。

路地は特に、在日を差別してきた歴史をもつ。路地と在日は時には差別し合い、また時には助け合ってもきた。こうした路地と在日の錯綜は現在、一見するとわからなくなっているが、食文化にその痕跡《こんせき》は残っている。

また「在日特権」という言葉が、在日を差別、攻撃するときに掲げられていることがある。私は路地からの視点で在日を見てきたが、もし在日特権というものがあるのなら、同和利権を握ってきた路地の人々は全て裕福になって、周囲からさらに批判されていたと思うのだが、これもまた在日がルーツと言われる「焼肉」と共に考えようと思う。

善悪では語れない、複雑に絡み合った日本社会を捉える視点として、「食事」は一つの糸口になる。

食事から見えてくる、差別されてきた人々の営みは「食文化」にまで昇華《しょうか》されている。それこそ「日本の正しいソウルフード」なのだ。

※文中、敬称を一部略しました。

# 被差別のグルメ——目　次

はじめに　3

第一章　路　地　13
アブラカス　本場アメリカのソウルフード　路地料理のチェーン化
日本人と牛肉食　路地のホルモン料理　煮て食べていたホルモン
サイボシ　ヘットの活用法　更池食堂　失われた食文化「ヒシ」
玉味噌と焼き菜　犬猫料理　ゴシドリ

第二章　アイヌ料理　65
東京のアイヌ料理店　アイヌ系日本人　今も生きるアイヌの伝承
二風谷で食べた料理　屈斜路湖の丸木舟　アイヌ料理のフルコース
阿寒湖畔　知床ブーム　「ポロンノ」の料理

第三章　北方少数民族の料理　105
悲劇の民族　最後の生き残り　「オロチョンラーメン」考　チェホフの記録
日本側の記録　ニブフとウィルタ　サハリンの旅
北海道での北方少数民族　サハリンでの食事　ニブフのデザート
第四章　沖縄の島々　141
神々の住む島　島差別　近くて遠い島　久高島を歩く
イラブーを捕る　イラブーの燻製作業　イラブー料理の作り方
イラブーの味　遠くて近い島・粟国島　ソテツ地獄　粟国島を歩く
ソテツの実　ソテツ味噌の作り方　タンナー料理

第五章　焼　肉——在日と路地　185
ステーキ派と焼肉派　韓国人とホルモン　在日特権　焼肉のルーツ
日韓の牛肉食　ホルモンと「放るもん」　焼肉はソウルフード

あとがき　211

# 第一章　路　地



## アブラカス

路地のソウルフードといえば、まずこのアブラカスがよく知られている。

アブラカスとは、ようは牛の腸をカリカリになるまで炒り揚げたものだ。大腸をマル、小腸をヒモ、ホソと呼ぶ地方もある。大腸は内側に付いた脂肪分を含めてドーナツ状に仕上がるのに対し、小腸はひょろ長くなるところから、そう名付けられた。

アクの強い、食べにくい食材を手軽に食べやすくする方法は、とにかく油で揚げることだ。

以前にテレビで「芸人が無人島生活を体験する」という番組が流行《はや》ったことがあるが、このときも主力となった料理法が、揚げることであった。普通ならアク抜きが必要となる食材でも、揚げることでそのまま食べられることが多い。この揚げるという料理法は、まさに万能なのだ。

揚げ物料理の歴史は、日本では奈良時代から平安期にかけて揚げる調理法が伝来したとされるが、当時の油は貴重品であったため、一般に広まるのは江戸期に入ってからだった。

揚げ物料理の代表格「天ぷら」は、一六世紀頃にポルトガルから伝来したという説があるが、油を大量に使えるようになったのは江戸時代に入ってからだから、そうした世情も反映して天ぷらは流行したのだろう。

しかし路地では、おそらく「天ぷら」以前から、揚げ物料理があったと私は考えている。時代が確定できないのは、古文書などの記録が残っていないからだが、少なくとも当時の路地では、一般地域に比べて、油の調達が容易だったことは想像がつく。

そのヒントは、やはりアブラカスにある。

現在のアブラカスは手っ取り早く、腸をヘット（牛脂。関西ではヘッド）で炒り揚げる。ヘットが手に入りにくい地域では植物油を使うところもあるが、実は、その腸自体に大量の脂が付いているのである。

「アブラカス」中にこってりと牛脂が付いている

アブラカスの古い作り方に、生の腸をそのまま鍋に入れてじっくりと弱火で長時間、火を入れる方法がある。こうすると腸に大量に付いた脂が融《と》けて、仕舞には鍋は脂で満たされる。この脂で腸はカリカリに揚がり、残った脂はヘットになる。

アブラカスの名が「脂のカス」に由来することは自明だが、本来はヘットを取るのが目的で、腸はその残りカスだった可能性がある。

つまり最初からアブラカスを作ろうとしたのではなく、当時は貴重だった脂（油）を取るために腸を煮て、その結果できた副産物が、アブラカスだったのかもしれない。脂も取れるし、残りカスは煮物に入れて食べられて、保存も利くので一石二鳥だった。そう考えると、アブラカスの名の由来を説明することができる。

天ぷらなどのハイカラな料理は、まず江戸から流行したとされ、現在でも天ぷらといえば東京の名物料理になっている。遠隔地では今も、魚のすり身を揚げたものを「天ぷら」と呼ぶが、これは当時ハイカラだということでその名だけが広まったのだろう。

近畿地方では、牛を初めとした動物から取った脂があったので、これを利用しなかったとは考えにくい。腸などを煮ることで取れた脂は、さまざまなところで使われただろうが、路地では内臓料理にも使われたと考える方が自然だ。

江戸時代当時の内臓は、処理技術がまだ未発達だったので、異臭や独特のクセが現在よりもさらにあったと考えられるため、天ぷらのように衣《ころも》をつけて揚げる方法が伝わる以前は、素揚げにしていたのかもしれない。

衣をつけて揚げる天ぷらが流行ると、精肉に比べて食べにくかった内臓も、衣をつけて揚げるようになっていく。こうすると、処理の仕方が悪くて食べにくかったホルモンでも、食べやすくなるからだ。

## 本場アメリカのソウルフード

路地の食材、料理については、私個人の思い出も含めて『被差別の食卓』（以下、『食卓』、新潮新書）に詳しく書いたので、ここでは最近の事情に触れてみたい。

まずソウルフードの特徴については、次の三つが共通している。

① 他所者《よそもの》を寄せ付けない独特な風味と味
② 高タンパク、高カロリー
③ 一般地区では食べない食材の利用

ソウルフードという名称は、もともとアメリカに住むアフリカ系アメリカ人たちが、奴隷時代に編み出した料理のことだ。これら三つの項目は、アメリカ黒人から日本の路地、ヨーロッパのロマまで、世界的に共通している。だからこの三つが、ソウルフード最大の特徴と言えよう。

しかし近年は日本のソウルフードも、一般に広まりつつある。

まずその先駆けとなったのが、「ソウルフード」という料理を作りだしたアメリカにおける、フライドチキンの普及だ。

フライドチキンは、実は「ソウルフードの中のソウルフード」と呼ばれる。いってみれば奴隷食の代表だった。

そのルーツは、白人の農場主が鶏を食べるときに捨てた手羽やネックなどの部分を拾った黒人奴隷たちが、骨ごと齧って食べられるようディープフライ、つまり油で長時間揚げたところにある。だから元々のフライドチキンというのは、手羽やネックなど、肉を取りにくい部位を揚げた料理だったのである。

それを白人たちが、自分たちが食べていたホワイトミート（胸肉など）にも応用したところ、非常に美味《おい》しかった。これが現在のフライドチキンとなったのである。

その後、日本をはじめアジア各国で「ケンタッキー・フライドチキン」（ＫＦＣ）のチェーン展開で広まった。

ＫＦＣの秘密は、スパイスの調合にあると思われがちだが、ジャーナリストのウィリアム・パウンドストーンの調査取材によれば、実際の味付けには塩とコショウ、グルタミン酸ソーダが使われていたに過ぎなかったという。

本当のＫＦＣの秘訣《ひけつ》は、圧力鍋で揚げることにある。

こうすることで、短時間でジューシーに揚げることができるのだ。

奴隷時代には、少ない油しかなかったので、煮るようにじっくりと火を通していた。この方法だと確かに骨まで軟らかくなり、カリカリに仕上がるのだが、内部の水分も蒸発して、肉がカスカスになってしまう。そこで圧力鍋を使うことで、肉汁を失うことなく揚げることが可能になったのだ。

フライドチキンは、もともと奴隷が多かったアメリカ南部の郷土料理だったが、アメリカ北部と南部の間に位置し、やや中立的なケンタッキー州でKFCが生み出されたのには、こうしたアメリカの国内事情が絡んでいる。

ただしアメリカ本土では、KFCよりも遅れて一九七二年にアメリカ南部、ルイジアナ州ニューオーリンズで創業された「ポパイズ・ルイジアナ・キッチン」の方が、より南部的だとして、アフリカ系アメリカ人を中心に好まれている。

この「ポパイズ」は、実はKFCよりも世界進出が進んでいるのだが、なぜか日本には米軍基地内にしかない。私はアメリカ本土と韓国で食べたことがある。好みの問題だが、確かに味はKFCよりも旨く感じた。ただし、かなりオイリー（脂っこい）だ。

## 路地料理のチェーン化

このフライドチキンの日本版ともいえるのが、路地の食材であるアブラカスである。私の少し上、つまり一九六〇年代生まれくらいまでの一般地区の人々にとっては、その存在を知っている人でも「非常に食べにくい」というのが共通認識であった。

なにしろ、前項で挙げた共通の項目①にもあるように、「他所者を寄せ付けない独特な風味と味」がするのがソウルフードだから、当然、臭いもあれば味も奇妙だ。幼い頃から食べていないと無理だろう。

私が付き合ってきた女性たちも、馬肉の燻製「サイボシ」は柔らかいハムのような触感と味なので好んで食べてくれたのだが、アブラカスだけは「気味が悪い」と一様に評判が悪かった。だから私は今でも、アブラカスを食べる時はいつも一人で料理して食べている。

こんな風だから「アブラカスが一般に広まることはないだろう、一般に広まるとしたらサイボシの方だ」と思っていた。

しかしそれを覆《くつがえ》したのが、大阪に本店をもつKという店だ。

もともとパチンコ屋の片隅で、一〇人も入れば満席という小さな店舗で細々と営業していたのだが、アブラカスをうどんに入れた「かすうどん」（六〇〇円）を出すようになると、これが河内地方で爆発的に流行した。

仕舞には次々に真似をする店が出てくるほどで、ついにこのカスうどんは、「河内の郷土料理」とまで呼ばれるようになった。実際にこの店自体が、カスうどんを「河内の郷土料理」と宣伝している。

Kの成功の秘訣については、以前に取材したことがあるのだが、このときはオーストラリアなどで自ら買い付けてきた牛の腸を、自社工場で炒り揚げてアブラカスを生産していた。

アブラカスは、焼肉屋でいえば「テッチャン」や「シマ腸」に当たり、ホルモンとしてもっとも人気のある部位だ。

日本の内臓肉の流通はもともと内臓専門の問屋が独占していたうえ、昨今のホルモン・ブームにより、さらに入手が困難になった。そのうえアブラカスを作る職人自体が減ってしまったため、Kでは独自に輸入して自社生産することにしたのだ。

こうすることでアブラカスが安定供給され、店舗展開が容易になった。現在は「かすうどん　K」という暖簾《のれん》でフランチャイズ化し、関西を中心に岡山県倉敷や兵庫県宝塚

大阪南部で流行っている「カスうどん」

まで一四店舗を出すまでになっている。

　もともとアブラカスは、路地の家庭では煮物に風味付けとして入れることが多かったが、路地の中にある食堂では「カスうどん」として出していた。その他、一部の店では、お好み焼や焼きそばに入れたりしていた。

　アブラカスが一般地区では知られておらず、知っている人でも「食べにくい」と言われてきたのは、それが路地の料理であるという偏見と共に、その独特の風味、つまり腸というホルモンと、ヘットの風味が強すぎることと、もともと煮物として路地の家庭で出されていたので、一般の人には食べ付けない味だったからだ。

それをKは、大阪うどんの特徴である昆布を効かせたダシに合わせることで、アブラカス料理の洗練化に成功した。

それがホルモン・ブームを経験し、アブラカスにも偏見がない「新しもん好きの若者」に受けた。ラーメンのように脂っこい点も、若者に受けた理由の一つだろう。

私もこの現象には、驚きを通り越して感動すら覚えた。路地の食材の中で「もっとも食べにくい」と一般の人に言われ忌《い》み嫌われてきたアブラカスが、ブームになるまで広まるとは思ってもみなかったからだ。

今でも一般客として大阪の本店で時々食べているが、とにかくダシをよく効かせていて味が濃い。路地ではうどんにアブラカスを合わせていたのだが、それとは逆に、この店では徹底的にアブラカスに合わせたダシにしてある。

さらにアブラカスは普通、煮込んで食べるものであるのに対して、この店では新鮮な揚げたてのアブラカスを用意しているので、カリカリのアブラカスをうどんの上に載せるだけで提供している。こうした工夫が、一般地区の人を惹《ひ》き付けたのだろう。

一番人気は、カスうどんの上にさらに牛肉、カリカリに揚げたエビ天、半熟タマゴを落とした「ミックスうどん」（一〇〇〇円）だ。油がうっすらと表面に膜《まく》を張っていて

堺市の路地の名物「つけめん」（おでん＋中華そば）

かなりしつこいのだが、これが不思議と旨い。

うどんは一般的な柔らかいもので、讃岐うどんのような特色があるわけではないが、うどん以外にも黄そば（中華そば）、黒そば（蕎麦）、細うどんと、麵の種類も選ぶことができる。

『食卓』でも紹介したように、路地では関東煮《かんとだき》（おでん）に黄そばを入れて食べる習慣があるのだが、その路地の伝統をも踏襲している点には、本当に感心させられた。さらに自社生産したアブラカスを店舗、または通販で販売しており、これも人気がある。

本物志向でありながら、何よりそれが一

般に受け入れられているのだから、路地料理のフライドチキン化、つまり「路地料理のフランチャイズ化」に成功しているといえる。これは路地の食文化を世間に知らしめた〝革命〟だといっても過言ではない。ここにきてようやく、路地の料理も広がりを見せつつある。

カスうどん屋Kから始まったこの静かな革命は、路地の食文化でも工夫することで、若者を中心として一般地区にも広まる可能性を示したのである。

## 日本人と牛肉食

江戸時代から路地では、田畑を耕すために使った牛馬が死ぬと、それを解体する権利をもっていた。普段は農業をしているのだが、死牛馬《しぎゅうば》が出ると、臨時の解体要員として出ていた。

特に近畿以西では牛がよく使われていたため、牛肉料理が路地の中で独自の発展を遂げてきた。まさに劇画『カムイ伝』の世界である。

『カムイ伝』では死牛馬の処理をする者たちのことを「非人」と書いているが、これは正確には「穢多《えた》」、または「カワタ（皮田、皮多）」と呼ばれた人々である。

非人というのは、この穢多よりもさらに下に置かれた人々のことで、街道や村の警備、処刑場の雑用、芸能などをつかさどってきた。

ただし新潟の佐渡島のように、穢多のことを一括して「非人」と呼んだ地域もあるので、あながち間違いでもない。おそらく劇画化の際に、一般読者でも「人外の者」としてわかりやすいよう、「非人」という言葉を使ったのだろう。

江戸時代、年間を通して牛の屠殺を計画的におこなっていたのは近江（現在の滋賀県）だけで、ここで生産された精肉は、味噌漬けなどにされて各地の大名などに送られていた。近江牛が、東京を中心にして今でも強いブランド力をもつのはこのためである。

他の地域では、牛は農耕に必要な家畜だったため、屠殺はあまり行われず、もっぱら死んだ牛馬を路地の者たちが解体した。そして軍備上必要とされた皮は、なめして皮革製品（甲冑など）にして、その他の精肉、内臓などは路地で料理して食べられてきた。これが日本の牛肉料理の主たるルーツである。

だから以前までは「日本人は牛肉の食べ方を知らない」という説が広く信じられてきたが、これは農耕に馬を使ってきた歴史をもつ江戸・東京を中心とした東日本の考え方で、西日本、特に近畿地方では牛の食べ方についてはかなり進んでいた。

もともと皮革技術は渡来系の人々によって伝わったとも言われているが、この渡来系の人々は大和民族のように、食肉を禁忌としていなかったという歴史的背景もあるかもしれない。

これが江戸時代後期になると、大阪でも屠殺が徐々に行われるようになり、また食肉の先進地域だった近江では、地理的に近い京都にまで売りに行くようになっていく。

路地では、死牛馬の肉をみんなで分ける際、内臓もできるだけ平等に分けられていたという記録が古文書に残っている。つまり江戸時代から精肉はもちろん、内臓も食べていたのである。

内臓の食べ方については先に触れたが、精肉についていえば、江戸時代を通して屠殺を行ってきた近江彦根藩では、決められた手順があった。

「寒い中で肉を分け、筋を取り去り、清水に浸し、臭みと穢《けが》れを取り去ってから、蒸して糸に繋ぎ、風通しの良い処で陰干しする」

これはどちらかというと、料理法というよりは保存食の作り方になる。味噌漬けにした献上品以外は、生で煮たり焼いたりして、残ったものをこのようにして保存したのだ。

この江戸時代の記録と、近代に入ってからの決定的な違いは、「清水に浸し」という点だ。これは当時の汚穢《おわい》意識から、穢れを取り除くという意味で、流水に浸したのだろう。

また現在では解体する際、牛などは全て失神状態のまま吊り下げて頸動脈を切り放血させるので、肉に臭みがなくなったが、この頃の方法は、たとえば藁《わら》を牛の口に突っ込んで窒息死させたりと、非常に原始的な方法だった。死んだ牛を地面に転がしてサバくだけで血抜きがうまくできなかったから、流水に浸すことで、多少は臭みも取れたのかもしれない。

時代が進んで統制が緩むと、さっそく全国に先駆けて六〇キロ離れた京都まで天秤棒を担いで牛肉を売りに出かけているほどだ。

私の故郷である大阪の更池村や、南王子村（現在の和泉市）にもすでに牛肉の行商人は存在していたが、近江のように他藩にまで売りに行く者はほとんどいなかったから、これはやはり先駆的といえよう。近江と京都の距離が近く、もともと行商の関係が深かったことも、販路開拓を促したようだ。

文久二年（一八六二）になると、京都三条大橋のたもとに牛鍋屋が三、四軒できているが、ここの牛肉は彦根藩内の路地から運ばれたものだ。河原で営業していたのは、まだ牛肉が不浄の物であったためだが、すでに嘉永年間（一八五〇年前後）には枝肉を神戸の市場に運んでいたともいわれ、その後は大阪にまで進出している。

翌三年（一八六三）、神奈川の厚木宿でイギリス人フェリックス・ベアトが撮った写真が残されているが、そこには街道に沿って「江州　彦根　生製牛肉漬」、「薬種」などと書かれた看板が掲げられてある風景が写されている。この頃には路地でなくても堂々と売られるようになっており、また近江牛がすでにブランド化されていたことがわかる。

近江の路地の者たちも、普段は農業や雑業で生計をたてていたのだが、やはり日銭が稼げる牛肉の売買は魅力的だったのだろう。近江商人が生まれた土地柄ということもあり、幕末という大きな時代の変化にカワタたちも敏感に反応し、牛肉商という新しいビジネスに参入し始めていた。

明治に入ると、近江から東京へと移り住む者も増えて、戦前までは交流がつづいていた。景気の良い東京からは、牛馬の骨や生皮の端切れなどの廃材料を送ってきていた。それを近江で加工して肥料にして売るのだが、これも畑仕事の合間の日銭仕事となった。

先に見た近江の牛肉の保存方法が発展してできたのが、路地の食べ物、サイボシ（馬肉の燻製）だ。

「戦前くらいまでは牛肉で作ってたけど、日干しだと冬しか作れないし、虫が付いたりして衛生面でもよくない。それに牛肉で作るとカチカチになって固くなるから、馬肉に替わった」

サイボシの職人もこう語っているように、第二次大戦前までは、江戸時代からの作り方を踏襲していたことがわかる。さらに日干しは効率が悪いので、現在は燻製になったのだ。

また天保五年（一八三四）頃、九州の秋月藩（現在の福岡県の一部）の記録にはこう書かれている。

「牛肉を食べるのは、昔は稀なことで、たまたま薬食いなどという時は長崎から塩漬け肉か干し肉を送ってもらっていた。それが文化（一八〇〇年代初頭）の頃になると、地元のエタに頼んでおくと持ってきてくれるようになった。さらに文政の頃（一八二〇年代）には、向こうから肉はいらんかと持参するようになる。鹿や猪より安いこともあり、肉が痛みにくい冬ともなれば一〇斤（約六キロ）以上、買い求める者もいるほどだ」

このように幕末の文政頃になると、大阪でも落とし牛（密殺した牛）が増える。

私の先祖の出身地である大阪の南王子村では、この文政期、数人が「落とし牛の罪」

で捕縛されている。天保期（一八三〇～四〇年代）には、江戸市中の路地で水煮した牛肉も売られていた。

私の故郷である更池では、嘉永三年（一八五〇）、近隣の家々へ向けて牛肉の行商をする者が出ていた。小ふさという行商人の女が大和国の者に牛肉を売ったのだが、代金としてもらった金が偽札だったため、小ふさだけでなく周囲の者たちも一緒くたに捕縛されたという記録が残っている。

つまり更池では、この頃、すでに計画的に毎日牛を屠《ほふ》っては行商に行っていたのだ。

さらに安政六年（一八五九）には、堺の路地から更池へ、次のような抗議文が送られている。

「最近、泉州路にある川土手や池の堤でエタが牛馬を解体したりしているが、これは当村のエタではなく、更池の者たちである。しかも毎日のように泉州路を通って生肉を売りに来るので大変見苦しく、とても迷惑しているので止めさせてもらいたい」

堺の路地では、更池の者たちが牛肉を売りに来るのを警戒して監視体制を敷き、実際に牛肉を売りに来た更池の者の荷物を差し押さえたこともあった。

この点、隣同士の路地でも、まったく傾向が違うことがよくわかる。違うどころか、どちらかというと仲が悪かった様子が窺える。なにしろ死牛馬が出た際の引き取り範囲（なわばり）について、近隣の路地同士で何度も喧嘩沙汰になっているからだ。

ここまで堂々と牛肉が売られるようになると、もともと大名に献上されていたこともあり、武士層にも親しまれるようになる。

幕末の名官僚として知られる川路《かわじ》聖謨《としあきら》は、弘化四年（一八四七）、奈良奉行として左遷の日々をおくっていたが、その年の日記に彼はこう記している。

「十月七日、雨。馬の鞍を造っているエタの者がきて、赤牛の新鮮な肉をくれた。養生のために食べてみたが、鴨よりも旨《うま》い。しかし、煮過ぎると固くなる」

ここで共通しているのは、みな牛肉を「煮て食べている」点だ。

牛肉の最もおいしい食べ方は、焼くことにあるとされる。焼くと旨みをそのまま封じ込めて食べられるが、煮ると旨みが汁に溶け込んでしまうためだ。

しかし、肉を煮ると確かに旨みが煮汁に溶け出すが、その汁をまた味わうことができる。それ単品で食べるのなら、焼く料理法がもっとも無駄がないのは確かだが、葱などの香味野菜を入れて炊くとさらに風味が良くなり、焼くより好まれることもある。

ネパールの不可触民たちも、牛肉を調理するときは焼くよりも香辛料（カレー）を入れて煮ることが多いが、これは臭みをとると同時に、米と混ぜて食べるからかもしれない。煮汁もまた調理できるので、特に米を主食としている民族は、肉を煮て食べる傾向にあったのかもしれない。

血抜きがうまくいかず、肉にまわった臭みを取るためにも、煮る必要があったのだろう。焼くのはもっぱら、新鮮なうちに限られていたと推測される。

現在でも老舗《しにせ》店で「牛鍋」などといって牛肉を煮るのは、この「煮る伝統」を踏襲しているからだ。

清めという宗教的な影響もあるだろうし、臭みを取るために煮る食文化ゆえ「日本人は牛肉の食べ方を知らない」という誤解が生まれたようだ。

### 路地のホルモン料理

戦後、昭和二一年頃からは牛肉の需要は年を追うごとに増えていくようになり、ヘットも高騰し、一斗缶（一八リットル）での末端価格は、当時で一万円にもなったという。

そのため内臓の価値も上がり、大阪を中心として内臓、つまり腸のことを「ホルモン」とハイカラに呼ぶようになり、ホルモン焼きの専門店が大阪市内に初めてできた。

東京で流行り出したのは、少し遅れて昭和二五年頃からだったとされる。ちょっとややこしいが、これは焼肉屋とはまたべつの専門的なホルモン料理屋のことだ（焼肉とホルモン焼きについては第五章へ）。

それまではレバーくらいしか売り物にならず、牛の大小腸をはじめとする内臓は、一般には出回っていなかった。現在、ホルモンというと内臓全てのことを指すが、ホルモンを語る上でもっとも重要な部位は「牛の腸」だ。

その下処理を実際に屠場で見ればわかるが、腸の処理はいろいろな意味で、非常に難しい。これは豚なども全て同じだ。

まず解体したときに出た内臓は、肛門の部分を結束してあるとはいえ、やはりある程度は糞尿が滲《にじ》んでしまう。かなりの悪臭があるし、その掃除が非常に面倒なのだ。路地では、近代までは川や井戸の水でよく洗ってからアブラカスにしたり、煮たり焼いたりして食べていた。

この下処理の方法は戦後になって進んだとはいえ、偏見もあって路地以外の一般地区には、なかなか広まらなかった。しかしこの処理能力が進み、焼肉が広まるにつれ、現在のように、タレに付けるだけで食べられるまでに洗練されていったのである。今ではホルモンを、塩で食べさせる店まで出ている。

この牛腸の処理方法の発展は、後の「モツ鍋ブーム」につながっていく。

福岡名物のモツ鍋は、在日朝鮮人たちが編み出したとされるが、私はこれについては路地の人々が深く関係していると考えている。

俗説では炭鉱で働いていた朝鮮人が始めたとされるが、実は炭鉱には路地の人々も多く住んで働いていた。特に福岡県周辺では、江戸時代からすでに炭鉱開発のために路地が分割、移住させられた歴史がある。かつて炭鉱が盛んだった地域の路地が、同じ町内に五カ所も六カ所もあったりする極端な少数点在なのは、このためだ。

なによりモツ、つまり内臓を取り扱っていた一次業者は路地の人々であり、煮る文化は古くから路地の特徴だった。路地の人々が食べていたモツ煮を、在日朝鮮人たちがニンニクとトウガラシを多用し、より洗練した料理にしたのだというのが、本当のところだろう。

事実、福岡市のあるモツ鍋屋は、創業四〇年あまりの老舗だが、壁には「部落解放の父」と呼ばれた松本治一郎の写真が飾られている。店の人によると、親戚筋にあたるそうだ。

四〇年前というと、牛腸の処理と冷蔵技術が飛躍的に進んだ頃に当たる。だからこそモツ鍋は、焼肉より少し遅れてブームになったのだろう。

### 煮て食べていたホルモン

路地ではヘットも屠場を経由して一般地区よりは安価に手に入ったし、内臓にいたっては自家消費するのも追いつかないほどだった。

現在も路地で焼いて食べる内臓の部位は、腸以外では主にキモ（肝臓）とマメ（腎臓）だ。その他にはミノやハチノスなどの胃の部分があるが、ミノは特に好まれる。これは四つある牛の胃の中で、もっとも食感と味が良いからだ。

江戸時代から継承されてきた料理方法は煮る、焼く、揚げる、塩漬け（天日干し）などである。路地独自の料理でいえば、地方によって異なるが、まず「ミノのすき焼き」がある。

これはずいぶん昔からあったと思われる証拠に、ミノのすき焼きには砂糖を入れない。昔は砂糖が貴重だったからだ。

また松阪牛のブランドで有名な三重県松阪の路地には、「クワ」という、肺臓の味噌

松阪市の路地で食されている「クワ」（肺臓の味噌煮込み）

煮込みがある。
　これは小さく切った肺臓を、この地方でよく使われる赤味噌で煮込んだものだが、現在は路地の中にある商店で細々と売られているだけだ。松阪の路地にある焼肉屋に入ると、ホルモン以外の精肉も味噌ダレで食わす。私は黒毛和牛にはもったいない食べ方だと思ったのだが、ここが赤味噌を使う名古屋文化圏に入ることと、臭みを消すために古くからこうして食べてきた歴史を鑑《かんが》みると、大変興味深い味だといえる。
　それはともかく、クワという料理は、毎週水曜日にしか作らないというので、私はこれを食べるために、水曜日に松阪まで出かけたことがある。

ここの路地の人は、水曜日になるとまとめて買うようで、私は一人だったので「一〇〇グラムだけください」と言うと、そこの婆さんに「エッ、一〇〇だけッ」と大声でびっくりされ、恥ずかしい思いをした。これで一〇〇円だった。

これは、とにかく見た目がよくない。

内臓と味噌の色が混じって泥色になっていて、やはり一般向けではないなと思ったが、味噌で煮込んだハラミのような触感で、味は意外においしい。これを寸胴鍋で煮込んで、量り売りしているのだ。おそらくこの店の主人が亡くなると、この料理も消えてしまうのだろう。

私も一度、肺臓を丸ごと買ってきて、捌《さば》いて自宅で煮込んだことがあるが、ただぶつ切りにして煮込むと膨《ふく》らんでしまう。だから肺臓をうまく料理するコツは薄く小さく切ることにある。

また牛のアキレス腱の部分を煮込んで、そこから出たゼラチン質でぷるんと固めた「こうごり」、または「こごり」という料理も、大阪を中心とした近畿地方の路地にあるのだが、ここにいろいろな内臓を小さく切り刻んで入れることもある。こうごりは今でも大阪南部の路地の肉屋などで手に入るが、内臓入りのものは、今ではほとんど食べられなくなった。

## サイボシ

このサイボシは、現在では馬肉にとって代わられたが、昭和三〇年代頃までは牛肉で作られていた。

製法も簡単で、肉の塊が余ったら、塩を振って天日干しにした保存食であった。アブラカスと共に、路地を象徴する食べ物で、一般地区では手に入らず、食べられていなかった。

兵庫の山間部では神戸と同様、牛肉食が盛んだったので、サイボシがよく食べられた。兵庫では三田牛、神戸牛などのブランド牛が出ていることからも、牛肉食が盛んだったことがわかる。兵庫の山間部にある路地の人と話していて、サイボシの話になったことがある。

「子供の時から食べてたな。ここは馬肉は使わないで、牛だけです。牛は四歳くらいが最高で、クラシタ（肩ロース）の部分が一番うまい」

近江や大阪などの平野部では、夏場は虫がわくので寒い時期に作っていたが、山間部では夏でも涼しいので、逆に八月に天日干ししたものがもっとも上等とされた。

「八月に吊るしたら、一日干しただけで肉の塊が三分の一くらいの大きさになる。これを四、五日干し続けたらサイボシになります。庭の日当たりのよいところに干すんやけど、トンビが取りに来るから、見張りは子供の役目でした」

出来あがったサイボシは、乾いて真っ黒になっている。そのままだとカチカチに固いので、木槌《きづち》などで叩いて、肉の繊維にそって裂くと、ちょうどスルメのようになる。そのままでも食べられるが、炭火で炙《あぶ》るとさらにうまい。

「だからこれはオカズというよりは、オヤツ代わりですな。大人は酒の肴にしてました」

この山陰地方では、路地のことを隠語で「サイボシ」とも呼んでいた。都市部に出稼ぎに行くと、社員寮で「ここにサイボシはおらんか」と訊かれたり、他の路地の者同士が初めて出会うと、互いに「お前もサイボシか」と呼び合っていたという。

つまりこの地方では、路地をもっとも象徴する食べ物が、サイボシだったのだ。

神戸、大阪方面の出稼ぎ先には、西日本のさまざまな地域から人が来ている。そうした人を路地の者かどうか見分けるのにも、「サイボシ」が使われたという。この食べ物

食べやすく刻んだ「サイボシ」（馬肉の燻製）

を知っていると、すぐに路地の者と知れたからだ。

「私が神戸の方へ勤めに出たとき、同郷の者同士で呑んでて『サイボシ食べたいなあ』って話になったんです。そしたら隣の席に座ってた、同じ会社の人が『お前らもサイボシ知っとんのか』とびっくりして、すぐ仲良くなりました。この人は四国から来ていたそうです。今はそんなことはもうないけど、そういう時代でしたね」

現在のサイボシのほとんどは専門の職人によって、食べやすいよう、塩を塗った馬肉を燻製にしている。

場所によっては塩だけでなく、みりんを使ったりと工夫され、一〇〇グラム六〇〇円以上と高価になったが、今ではネット通販で一般の人でも簡単に手に入るようになった。

### ヘットの活用法

大阪名物に「串カツ」があるが、私が三歳頃から通っている新世界にある名店の味の秘密の一つは、揚げ油にヘットを使っている点だ。

トンカツはラードで揚げたものが最も旨いが、近代になってから食用として全国に広められた豚肉よりも、古くから牛肉に馴染みがある大阪の串カツ屋では、安い牛肉を串に刺してヘットで揚げる。

最近の健康志向で、肉屋にあるコロッケを始めとする揚げ物にも植物油が使われるようになったが、ラードやヘットで揚げた物に比べると、味と風味に驚くほど差が出る。おそらくこれは、ブラインド・テストをしても分かるだろう。「手に入りやすく安い植物油は、家庭で使えば良い」と考える私としては、たいへん残念な傾向だ。

それはともかく、『食卓』を書いてからも、私は日本各地の路地を歩くたびに「ここでしか食べていないものはありますか」と訊《たず》ねて回っていた。

牛肉（または馬肉）にまつわる料理では、やはり先に紹介したものがメインで、北は富山から、南は福岡県にまであったが、富山ではもう食べられていない。

これは富山の路地から、大阪の路地を頼って出稼ぎにきていた人が食べていたもので、その人たちが自分で作ったり、またはそのツテを頼って、大阪から富山に売りにも来ていたのだ。それが途絶えた今は、富山でも老人しかその存在を知らなくなった。

その老人は「懐《なつ》かしいなあ。昔は渡辺におったから、そのときよう食べてた。大阪からも売りに来てたしな」と語っていた。

「渡辺」とは、西成と浪速にまたがる路地の旧称で、正確には「渡辺村」と呼ばれていた。皮革業が主で、最盛期には二万人以上もの人がそこに住み、「日本一大きな被差別部落」と呼ばれた。現在は巨大な団地が並ぶ、殺風景な路地になってしまった。

ここは日本一大きな路地ということもあり、以前までは解放同盟大阪府連もあった。そのため、全国の路地から運動関係で来る人が多かった。

「ここに小さい食堂があって、みんなでそこに入ったらアブラカス丼とか、アブラカスを使った料理がいっぱいありましてね。それがおいしかったから、アブラカスを送ってくれといって店の人に一万円渡したのだけど、結局、送ってくれなかった。今度行ったら、言っておいてくれないか」

島根の路地の人にそう苦情を言われたこともある。私はその食堂の婆さんを知っているが、おそらく面倒になったのだろう。こういう人が大阪の評判を落としているのだと、まったく私も憤慨したことだ。

また京都市内の路地では、ホルモンの天ぷらを「ようしょく」と言って、一個一〇円から二〇円ほどで売っている。

おそらく「洋食」と書くのだろうが、これは衣が付いているのと、その名から考えて、近代以降になってできたものだろう。もともとホルモンを素揚げして食べていたのだが、近代になってから衣が付いたのだろう。

今でも市内の路地にある専門店で売っていて、子どもたちはおやつ代わりに、大人たちは惣菜がわりに十数個買っていく。

私も食べてみたが、ヘットを使っているので風味があり、そのままでも旨い。おかずにする場合はソースを付ける。ここは持ち帰り専門で、子どもたちは路上で食べている。

さらに京都には「こぶまき」という料理もある。これはいわゆる「昆布巻」のことだが、中に巻いてあるのは牛筋で、冬にしか作らない。これは食堂でも食べられるし、持

屠場の食堂で買った「フク」（肺臓）の天ぷら

ち帰りもできる。

京都というところは不思議な場所で、祇園などの高級なイメージが先行しているが、実はラーメンの激戦区であり、「餃子の王将」、「天下一品」などのチェーン店第一号が生まれたのもまた、京都である。この地ほど、「貴あれば賤あり」が象徴化している土地も珍しい。

**更池食堂**

私の故郷、大阪の松原市にある更池という路地には、かつてFという馴染みの食堂があったが、数年前に店主の高齢化で閉めてしまい、しばらく食堂がなかった。

しかし三年前に、Kという食堂ができた。

店は女将《おかみ》さんとその舅さん、娘さんの三人で切り盛りしているが、ここの名物は、路地の伝統料理「フクの天ぷら」だ。フク（肺臓）は、ホルモンの中でも焼肉屋で出していない希少部位だ。

「コツとかないですけど、やっぱりフクは薄く切らなアカンので、冷凍した状態でスライス機にかけます。やっぱりスライス機がないとここまで薄くは切れないので、家庭ではちょっと難しいんです」

女将がそう言うように、手のひらほどの大きさのフクを薄くスライスすると、あとは衣を付けて揚げる。

このフクの天ぷらは、実は現在、路地の中でもなかなか食べられなくなった。

理由はやはりスライス機にあるようで、もともとすき焼き用や、しゃぶしゃぶ用の肉を作るためのスライス機なので、それを安価な内臓にまで使うことがなかった。昔は手作業でスライスしていたが、どうしても身が厚くなってしまう。

景気も良くなり、牛肉料理が一般に広まるようになった昭和四〇年代には薄くスライスできるようになったものの、この頃にはすでに路地の中でも精肉が盛んに食べられるようになり、フクは時代遅れの「貧乏人が食べる物」となってしまい、屠場の食堂でしか手に入らなくなってしまった。

スライス機を持っている小売店でも一つ数十円と利ザヤが低い割に、手間ひまのかかる内臓の天ぷらは、肉の切れ端を入れたコロッケに取って代わられるようになってしまった。一般庶民によるコロッケの流行も、それに拍車をかける形となった。

さらに屠場内には、路地の人であっても関係者以外は入れない。私が幼い頃は、仲卸業者として屠場に出入りしていた父が、食堂で油紙に入れたフクの天ぷらをたくさん買ってきてくれたので、それにソースを付けて食べていた。

しかし田舎の天ぷらだけに、当時のフクの天ぷらは衣が厚かった。私などは面倒なので、時には衣を取って食べていたが、Kの天ぷらは、洗練された高級江戸前天ぷらのように、衣がとても薄い。しかも注文を聞いてから揚げるので、熱々のまま食べられる。

私が食堂Kを知ったのは、やはり父から教えられてのことで、ある日、会ったときに「いっぺん、行ってみよか」と誘われた。父も一度、行ってみたかったのだろう。

客が一〇人も入ればいっぱい、というほど小さな店舗で、しかも小さな路地を入ったところにあるので、一般の人はなかなかわからない。週刊誌でも紹介したことがあるのだが、「どこにあるか教えてほしい」という読者からの問い合わせに、何と説明していいかわからないほど、入り組んだ路地の中にある。

混み合う時間帯を少しずらして入ったのに、まだ五人ほどの客がいて盛況だった。みんな路地料理に飢えていたのだろう。

私は六歳のときに路地を出てしまったので知り合いはいなかったが、さすがに父の世代はみな知り合いのようで、リフォーム会社の社長や、もうリタイアしたおっちゃんなどが来ていた。

「あんた、××さんとこの孫やろ。知っとるで」

店に入ると、父が女将さんに声をかけた。急に饒舌《じょうぜつ》になる。客がみな、昔からの知り合いだったからだ。「おう、寛ちゃん。久しぶりやの」などと、客から次々に声が掛かる。

「え、でも私、上原さんに会ったことありませんよね」

女将さんがそう言うと、父は、

「いや、あんたが小さい時に会うとるで。あんたのお祖父さんはもうええ年やったのに飛田が好きでな。昔はよう飛田で会うたんや。あのときはワシも若かったから、バツが悪かったで」

フクの天ぷら（手前）と、アブラカス入りのお好み焼き

それを聞いて、赤くなる女将さん。

一気に会話が盛り上がった。

私は女将さんに、店を開くまでの経緯を聞いた。

「やっぱり、私の若い頃はお店も多くて、ムラ（路地）の食堂もありましたけど、もう今は全部、閉めてしもたでしょう。だから三年くらい前に、みんなが集まる場所にもなるかなて思て、開いたんです」

大阪の路地の住人はみな、自分の住む地区のことを「ムラ」と呼ぶ。

メニュはアブラカスの入ったカスうどん、お好み焼き、焼きそば、関東煮がメインだ。

「でも、やっぱりうちのウリは、ホルモンの天ぷらですね。フクの他にはミノとハチ

ハチノス、ミノ、フクの天ぷら（右上から時計回りに）

ノスがあります。一個から売ってますから食べやすいですよ。好きな人は『懐かしいな』言うて、まとめて買いにきてくれます」

フクの天ぷらは、手のひらほどの大きさのものが一個五〇円。

しかし、五〇円とは馬鹿に安い。他のメイン料理と共に注文するか、大量に頼んで持ち帰る人が多いので、この値段でも、何とかもっているのだろう。

「これでも二〇円、値上げしたんですよ。前は三〇円で出してた」

女将はそう言って笑った。近頃はたこ焼きでも三〇〇円くらいするというのに、昔の値段そのままだ。

父はフクの天ぷらを五枚と、ミノ、ハチノスを三個ずつ持ち帰り、私もフクの天ぷらを五枚買った。保存はあまり効かないが、これくらいは一度に食べられる。

面白いのは、客のほとんどは路地の人ではなく、一般客だったことだ。そのことを父に聞くと、

「昔はな、隣町の奴でも、興味半分でムラまで遊びにきてたんや。それでみんな知り合いなんや。今ここにおるんは、ムラの奴では一人だけやな。あのカウンターに座ってるおっさんおるやろ。あれはヤクザを袋叩きにしたこともあるんやで。面白いやっちゃ」

そう言われて、おっちゃんは「昔の話はやめといてえや」と顔を赤くした。

カタギの者がヤクザを袋叩きにするというのは、現在ではあり得ないことだが、路地の武勇伝ではよく聞く。

ヤクザといっても、昔の河内のヤクザはほとんどが博徒系だったので、今の巨大化した組織暴力団とは全く違う。それにしても、ヤクザより強いカタギがいたというのは、まるで漫画『じゃりン子チエ』の世界だ。のんびりした時代だったのだろう。

そういう父も少年時代、三つ上のヤクザを包丁片手に屠場を二周追いかけ回したという武勇伝をもつ。これはウラをとったので本当の話だが、自慢にもならないと思ってい

るのか、みなそのような武勇伝をつまびらかにすることはない。

二駅となりの河内松原駅から来ているおばさんは、「でもやっぱり、ウチなんかはアブラカスとか、今でも苦手やわ」と話す。

「そうやね。昔はムラの人しか食べへんかったからね。いま流行ってる言うけど、夢みたいな話ですわ」

と女将さん。

やはり中年以降の人にとって、現在のアブラカス・ブームは驚くべきことなのだ。私が「今は東京の『つるとんたん』て店でも出してますよ。バーみたいなオシャレな店ですわ」と言うと、「へーッ。注文する人おるんやろか」とおばさんも驚いている。

サイボシの話になると、女将さんがこう言った。

「サイボシも、昔はそれでダシとったりしてましたよ」

「そうなんですか。ぼくはオヤツ代わりに食べてました」

「それは上原さんとこだけやわ。サイボシは高いから、オヤツに出したりせえへんかったよ。オカズにして食べてたから」

このように路地の人でも、その料理や食べ物についての思い出はさまざまだ。私の実家は食肉卸を手広くやっていたのと、食べ盛りの兄弟が四人もいたので、サイボシなどもふんだんに買っていたのだろう。

## 失われた食文化「ヒシ」

これまで牛肉にまつわる食事ばかり紹介してきたが、それは西日本、特に近畿地方の路地の食文化の最大の特徴だったからだ。

私の出身地、更池には、牛肉のほかに、失われた食文化が存在する。

それは、溜《た》め池に自生しているヒシ（菱）だ。

更池という地名は、もともとこの地に農業用の溜め池が多かったことから名付けられたとされているが、そのためヒシもよく採れた。ヒシとは「菱形」の語源となった、水草の種子のことだ。

ヒシには尖っている部分が二つの「二つビシ」と、菱形をした「四つビシ」があり、二つビシの場合は、歯で噛《か》んで中の実を食べるが、四つビシは固いので、石で割るなどして食べる。これはオニビシとも呼ばれる。クルミの固いものを「オニグルミ」と呼ぶのと同じ理由だ。蒸して食べるのだが、味は栗に似ているという。

ヒシを売るのは、更池では路地の仕事で、売り物になるのは「皮の薄い、実の肥えたヒシ」であった。

日雇いの田畑仕事が九〇銭、土方が七〇銭の時代に、多いときだと一日、一円五〇銭くらいの儲けになった。また、干したヒシは漢方薬になるため、薬屋にもよく売れた。ただし採れるのは秋の三カ月に限られ、一二月になるとほとんど採れなくなる。

採り方は、たらい舟に乗って行くのだが、多いときは二斗（約三六リットル）くらい採れ、そのときはたらい舟が沈みそうになったが、慣れた者はそこから小便もできたという。体の小さいほうが有利だったからか、子供が採ることが多かったようだ。旬になると競争するようにして採ったので、和泉の方まで秘密裏に採りに出かけたという。

ヒシ採りはべつに路地の者に限らず、他の地方では一般の人でもやっていたと思うのだが、三重県志摩の路地では、

「エッタ、モッタ、シリモッタ、ヒシの実食って、腹はった、あっち行けッ」

という子供の囃《はや》し言葉があったという。「エッタ」というのは穢多のことだから、他の地域でも、ヒシ採りは下々の仕事として差別されていたことがわかる。

このヒシは、現在、大阪ではまったく食べられなくなった。

今でも採れないわけではないので、私も一度くらいは挑戦したかった。しかし当時と違って池が非常に汚れて、ヒシも汚染されているから今はもう止めた方が良いと言われて止めてしまった。

## 玉味噌と焼き菜

牛肉系と違い、材料は一般の食材を使っているのに、路地の者しか食べない料理もたくさんある。ただし、それは現在、ほぼ絶滅したか、絶滅状態にある。

一九七四年、解放同盟と八鹿高校の教職員が衝突して多数の怪我人が出た「八鹿高校事件」というのがあった。「政治の季節」の終焉ちかくの時代に起きた事件だが、私はこの取材のために一カ月ほど、兵庫県の八鹿町（現在の養父市）周辺に滞在する機会を得た。

このときついでに取材した、この地方に伝わる路地の食文化には、都市部にはない多彩さと素朴さがあった。

その一つが、兵庫県の但馬地方で作られていた「玉味噌」だ。

これは単に味噌を作るとき、玉にした味噌を藁でむすんで干したもので、なぜかこの地方の中でも、路地の者しか作っていない。

現在、この玉味噌を作っている所帯は少なくなった。私は昔作っていたという老婆に話を聞くことができた。

作り方は、よく煮た大豆をウスに入れて潰し、米ぬかをまぶしながらソフトボールくらいの大きさに丸めて、三個ずつ藁でむすぶ。

ここで使う大豆は、米が採れた後の田んぼで作ったものを使う。これは子供の仕事だった。また師走までに作らなければ、その家には不幸があると言い伝えられてきた。

翌春まで、だいたい四カ月ほど吊るしてカチカチに乾燥させる。干す場所は外でもいいが、カマドの上で干すとより風味がよくなる。

春まで干してよく乾燥させたら、今度は木槌で叩いて細かく砕《くだ》く。それを味噌桶に入れていくが、このとき大量の塩を入れる。大豆の粉一升（約一・八リットル）につき四合の塩、つまり材料の三割は塩ということになる。

「塩をたくさん入れんのは、こうすると長持ちするからな。このとき水も入れんねんけど、練り具合が難しい。粉と水がよう混ざってんとアカン。このとき漬物を入れてもええ。味噌漬けのおいしいのができる。塩が多いから、腐ることもない」

よく混ぜ合わせたあと味噌桶を密閉して、一年たつと食べられるようになる。塩分が多いので、四年以上もつという。

「いまは作ってるところもほとんどなくなったな。昔は師走になるとウチらの周辺（路地）だけに、この玉味噌が沢山ぶら下がってたから、『エタ味噌』とか言われた。それでも、この味噌はおいしかった。今の味噌とはぜんぜん、味が違う」

またこの地域では、Nという路地だけで作られていた「焼き菜」という料理もある。これは非常に簡単な作り方で、カブを一センチほどの厚さで輪切りにし、しゃくし菜は一口大に切って塩をまぶして二時間置き、それを炭火で焼いて食べる。

このしゃくし菜というのは、正式名称は「雪白体菜《せっぱくたいさい》」という野菜で、全国的には埼玉の秩父地方の漬物でよく知られている青菜だ。

形が「しゃもじ」に似ていることから「しゃくし菜」と呼ばれたと伝えられ、他にもしゃもじな、おたまな、へらな、たいな、ゆりな、などと地域によってさまざまな呼び名がある。

「これも、この南但馬のカブとしゃくし菜やないと、うまいことできんのです。ここは雪が多いでしょ。多分、それでカブとしゃくし菜がおいしくなるんと違うかな」

これは不思議なことに、路地の中でもNでしか食べられない。旬は一二月から三月の冬期間で、それ以外は食べることができない。

「これは外で食べませんから、周りからどうのこうの言われることはなかったですけど、『部落（路地）のもんは汚いもん食べとる』ってよう言われました。味は柔らかい、漬物みたいな味です。昔のご飯のおかずですね」

### 犬猫料理

また戦前では食糧難ということもあり、路地に限らず、全国的に犬や猫がよく食べられた。これは行政指導で「野獣肉」と一括されて、他の牛肉などとは別にされていた。

戦前から解放運動の闘士として知られた岐阜県出身の北原泰作は、政府の同和対策審議会の委員だったことから、昭和三九年、赤坂御苑での園遊会に招待されたことがある。

このとき、皇太子（現天皇）と常陸宮《ひたちのみや》から部落差別についての質問を受けると「皇族と部落民の身分は対極的だ」と北原は言い放った。予期しなかった答えに呆気にとられた両殿下は、一言も発せられず無言のままだったという。

戦前にあった軍隊内の差別を、天皇に直訴しようとした「北原二等兵直訴事件」で知られる〝過激派〟北原らしい逸話である。

北原泰作は自分の幼い頃の情景を、こう記している。

「母が近在の顧客先をまわって売り歩いたのは犬の肉である。晩秋から翌年二月末ころまでがその季節であった。路地にあった毛皮工場へ滋賀県や静岡県の同業者からカマスに詰めた犬の死骸を鉄道便で送って来た。たぶん野犬捕獲人から買取ったものであろうと思われる。工場の職人にそれを解体させ、枝肉にして卸売するのであった。食肉販売取締規則により、肉箱の表面に、牛肉は黒く、馬肉は赤く、内容品を標示しなければならない。犬は鹿や猪とおなじ部類の野獣肉であった。父や母の肉箱にそれを書くのは私の仕事であった。私は小学校五年ころからそれを書かされた。『獣』という漢字はむずかしく、なかなかうまく書けなかった（一部略）」（『賤民の後裔』北原泰作、筑摩書房）

これは明治四〇年頃の情景だが、食肉先進地区であった滋賀はもとより、静岡県からも犬肉を仕入れていた事実は、他県であっても路地と路地との交流があったことを示している。

猫は三味線用に皮だけを取ると肉は食用に回された。これも戦前の話で、戦後になると、犬と猫を食べることは野蛮なこととされたので、食料事情の改善と共に食べられなくなった。

犬と猫を食べていたことは、日本の食文化の中ではタブー視されているが、当時は一般の人でもよく「獣肉」を食べたのである。

これは路地ではないが、沖縄では古くから薬膳料理の一種として、つい最近まで犬や猫を食べていた。「猫肉は今日でも好んで食べます」と記された一九八八年の記録がある。

しかし残念ながら、私は「昔は食べていた」という人にしか出会えなかった。現在食べている人がいたとしても、かなりの高齢だろう。これも絶滅してしまった食文化になるかもしれない。

本土では見られなくなった犬猫食が、つい最近まで沖縄で続いていたのは、おそらく古来から本土よりも中国の影響を強く受けていた沖縄文化の名残ゆえだろう。

沖縄では赤毛の犬を食べると、よく流産する女性に良いとされた。猫は気管支炎や肺病、痔に良いという。その猫汁は、沖縄では「マヤーのウシル（猫のお汁）」と呼ばれた。

その作り方だが、まず慣れた男性に〆て捌いてもらった肉をよく洗って一口大に切り、鍋に入れる。そこに泡盛を適量入れてから手でよく揉んで、火をつけて酒蒸しにする。よく蒸したら、そこに昆布や豚などからとったダシを加え、アクをよく取りながら中火で煮る。

イーチョバ（ウイキョウ）の葉を一センチくらいに刻んで鍋に入れ、三〇分ほど煮てから塩などで味をつけ、最後に紅花油を入れたら出来上がりだ。

食べた人に訊くと、「鶏肉に似ている」という。これは路地でも、三味線の猫皮なめしをしていた職人が昔は食べていたが、味については同じく「鶏肉のよう」と言っていた。

例えは違うが、ワニ、カエル、カメなどについては私も食べたことがある。これも鶏肉に似ている。

爬虫類や両生類がそろって似た味なのはわかるが、猫までも「鶏肉と似ている」というのは、どういうわけだろう。もしかしたら、人は他と比べようもない肉を食べたとき、「鶏肉のようだ」と反射的に考えるのかもしれない。

## ゴシドリ

また三重県鳥羽の路地では、つい最近までカメを食べていた。

路地のある老人によると、スッポンではなく、池に棲む普通のカメを煮て食べていたという。

私はぜひ、これも食べてみたいと思ってお願いしたのだが、

「カメを獲ってる専門の人もおったけど、もうみんな高齢で、いつ獲るかわからんし、普通（路地）の家庭ではもう食べなくなったから、無理やなあ」

と、渋い顔をして言われたので断念した。かなりタブー視されている料理らしいので、同じ路地出身者とはいえ、他所者には抵抗感があるのかもしれない。

このカメ料理は「ゴシドリ」という隠語で呼ばれていた。

語源は「五本の指をもつトリ」からきており、まさに門外不出の料理だったことを思わせる。今では一部の好事家《こうずか》だけが細々と食べているだけだというので、これもあと数年で消滅してしまうことだろう。その味を訊けば、やはり「鶏肉みたい」だという。

ヨーロッパのロマは今でもハリネズミを食べるが、これには外部に向けてハリで身を固めているハリネズミの姿が、まるで自分たちのようだという親しみの意味もあった。

同じようにカメも固い甲羅で全身を覆い、外敵から身を守っている。その姿は、出自を隠す路地の者たちに似ている。

しかしこの路地の「ゴシドリ」に、そうした意味があったのかどうか、聞くことはとうとうできなかった。

# 第二章　アイヌ料理



## 東京のアイヌ料理店

東京、新宿区にある大久保には、狭い路地に韓国料理からタイ料理、中国料理などのアジア系列の店をはじめ、居酒屋、洋食屋、小さなスーパーなどがひしめき合っている。

そんな大久保の、JR山手線の高架近くに、アイヌ料理店「ハルコロ」がある。

店主の宇佐照代さんはもともと、母タミエさんと二人でこの店を開いた。タミエさんが亡くなってからは、夫と二人でこの店を切り盛りしてきた。

「看板メニュは、やっぱり鹿肉料理になりますね。あとは団子《だんご》かな」

照代さんは、忙しいときはホール担当になるが、手が空くと店のテーブルの傍らで、アイヌ紋様の刺繡《ししゅう》を始める。日本各地で刺繡講座やアイヌ舞踊の講師も務めている。

「もともとは『レラ・チセ』という店が始まりでした。これは関東に住むアイヌの人たちの集まる場所として早稲田の方にあったんですけど、そこが閉店してしまったので、家族でこの店を始めたんです」

アイヌと関東のつながりは深い。

過去にはアイヌの子弟を集めて教育しようと、東京にアイヌ学校があったこともある。しかし、これは半強制的に親子を引き離したため、同化政策の行き過ぎとして批判された。

そして昭和三〇年代になると、職を求めて多くのアイヌが関東に移住した。関東では、アイヌであるということで苛《いじ》められることがなかったのも一因だった。

しかし、多くのアイヌはたいした学歴がなかったこともあり、肉体労働に従事する。一時は山谷など、日雇い労働者の街で孤独死するアイヌも出て、社会問題になったこともあった。

関東に移住したものの、孤立しがちだったアイヌの人々が集まれる場所を作ろうということで一九九四年に開店したのが、「レラ・チセ」だった。レラ・チセとは「風の家」という意味だ。照代さんの母、タミエさんはその中心人物だった。

店は交代制で、自分たちの仕事の空き時間を使ったため、負担は少なくなかった。

タミエさんは一九四二年、釧路市の出身だ。父母ともにアイヌだが、父には和人《わじん》（大和民族）の血が入っている。

一二歳のときから水産加工場で働いていたので、学校にはほとんど行かなかった。二〇代で和人の大工と結婚、夫は冬になると東京に出稼ぎに行っていたが、次第に仕送りもなくなり離婚。タミエさんは五人の子供たちを連れて東京に出て、清掃業などの職に就いた。

タミエさんは北海道時代からアイヌだからといって特別、差別は受けなかったと語っているが、これは土地や環境によって大きく違うようだ。

目に見えてわかる差別は、今の団塊の世代まで残っていたようで、学校に行くと「ア、イヌが歩いてる」と言われたり、親の手伝いなどで学校に行けず、たまに学校に行くと「クマが山から下りてきた」などと言われる。また毛深いところを見られたくないので、夏でも長袖で過ごした、という類の話が多く残されている。

アイヌが多い集落では、数の力で差別されずに済んだ所もあるが、学校の中でアイヌが二、三人しかいないとイジメの対象になった。つまり差別を受けるかどうかは、広い北海道のどこに暮らすかによって大きく異なる。

また、例えば白老《しらおい》のアイヌと、釧路のアイヌは違う文化をもっている。刺繍の紋様も違うし、言葉にも違いがある。また内陸に暮らすアイヌと、海辺に暮らすアイヌでは、食文化にも違いがあるので、一概に言えない。これは現在、和人化することで均一化されつつあるが、今も地域の伝統を守っている所もある。

また世代の違いも大きい。

団塊ジュニアである照代さんの世代になると、差別を受けたことがないという人も多い。

照代さんは五人きょうだいの三女として釧路で生まれ、母に連れられ東京に出たのは一〇歳のときだった。関東のアイヌの集会に行くようになった母について、アイヌ舞踊やウポポ（歌）、ムックリ（口琴）、刺繍などを習うようになった。

差別については「毛深いのをからかわれたくらいかな」と言う。これは身体的特徴についてからかわれただけで、差別とかではなかったそうだ。

「レラ・チセ」の経営が軌道に乗り始めた頃、まだ二〇代だった照代さんのインタビュー記録が残っている。

――高校の時に歴史の先生がそういう話（アイヌのこと）をして、授業が終わった後に何かムズムズして言いたくなって、『こういうこと（アイヌとしての活動）をしてる』っ言ったら、先生が興味示さなかった。先生は知っているから教えてやるという態度で『フーン』って感じで興味を示さなかったので、こちらがガクッときた。そこで先生に差別されているというのはなかったけど……やっぱり先生たちの言い分は教科書通りなんだよね。

（アイヌとして生きることについて）問題なわけ。私にはそういう勇気がない。隠して生きてるわけじゃないけど、その方（アイヌ）がいいという勇気が私にはない。どっちでもあるし、どっちでもない。日本人でもないし、アイヌ人でもない、だから違うものになっちゃう。つまり両方もってるってこと――

（一部略　『レラ・チセへの道』レラの会　現代企画室）

このインタビューでは全体を通して「母が頑張ってるから、私も何となく……」といった受け身な姿勢だったが、その一方で自分の意見ははっきりと述べているところに、現在の彼女の萌芽《ほうが》が読み取れる。

そうはいっても、そんな受け身だった彼女が、現在「レラ・チセ」の二代目店となる「ハルコロ」の経営者をしていることは不思議だ。「若い頃のその自然体が良かったのでは」と、私は言った。

「ぼくは中学三年生から解放運動に積極的に関わりだして、大学を出たくらいから逆に引いてしまったから、二〇代であれくらい引いて見ているところが、逆に良かったのかもしれないと思いましたね」

「そうかなあ。私はいろんな店で働くことを経験してくる中で、『レラ・チセ』が閉まってしまったので、母の拠《よ》り所をつくるという意味もあって『ハルコロ』を始めただけなんですけどね。だけど店を開いたら、すぐに母が亡くなっちゃって、それだけは残念でした。母は、私たちを育てるために、本当に苦労して亡くなったという感じでしたから」

アイヌであることで親の世代ほど苦労していない、次世代のアイヌである照代さんが、こうして東京で唯一のアイヌ料理店を開いていることは、私には奇跡のように思える。

なぜなら、例えば私の世代で「路地の料理店」を開こうという人はほぼ皆無だからだ。

大久保にある「ハルコロ」のラタシケプ（野草などの混ぜ物）

路地では「人権」という括《くく》りで政治的運動には積極的だが、食文化を残そうという意味では、完全に失敗している。第一章にも記したように、あと数年すれば消えてしまう食文化もある。

それはともかく、現在も開店中の「ハルコロ」は賑《にぎ》やかな店だ。

いつも常連客で賑わっており、照代さんの娘もよちよち歩きで店を手伝っている。店内は二〇人くらい入れるだろうか。定食をやっている昼の方が混む。夜は週末が忙しいという。

メニュでは鹿肉ステーキ（一三五〇円）、鹿肉のハム・ソーセージ（七五〇円）などが人気だが、イモシト（イモ団子、五〇〇円）、オハウ（汁物、四〇〇円）、ラタシケㇷ゚（五五〇円）など伝統的なアイヌ料理もある。中でもオハウは、三平汁などのルーツとなる料理でもある。

またラタシケㇷ゚は、その家や店によって違いはあるが、大体はカボチャ、トウキビ（トウモロコシ）、豆、イナキビ、シケレペ（キハダの実）などを混ぜ合わせたもので、単に「混ぜ物」という意味だ。見た目はカボチャサラダに似ているが、雑穀と野草などを混ぜてあるので、味は何とも形容しがたく、甘みと苦みが混然一体となっている。カボチャサラダより健康的な味だ。

またご主人が以前に中華料理店をやっていたため、キトピロ（行者ニンニク）チャーハン（八〇〇円）や、キトピロ餃子（六〇〇円）などのアイヌ系創作料理も旨い。

照代さんにアイヌ料理の思い出を訊いた。

「アイヌ料理といっても、私が家で食べていたのはイモシトとか、オハウくらいかな。キトピロと鹿肉は大人になってから初めて食べました。キトピロは好きだけど、鹿肉は今でもちょっと苦手ですね。燻製はおいしいけど。店のメニュの中で好きなのは、キトピロの肉巻です。これはおいしいですよ」

食べてみたが、これは日本の居酒屋料理になっていて酒によく合う。

ではアイヌの中でも、団塊ジュニア世代にあたる照代さんは、自宅ではどのような料理を食べて育ったのか。

「母の料理といっても、いつも朝から晩まで働いていたから、たまにしか作ってくれなかったですね。でも作ってもらった時は、とてもおいしかった。いつもはカレーとか、一般的な料理ですよ。オハウも、ウチでは『三平汁』って呼んでましたね。ただ三平汁は味噌味もありますけど、アイヌはもともと味噌がなかったでしょう。イモシトもそうですよね。ジャガイモが入ってきたのは明治からで、それまではオオウバユリを使ってましたからね。家では三平汁（オハウ）は、昆布ダシと塩だけで味付けしてました。大人になってから三平汁に『味噌味』があるって知ったときはちょっとした驚きでしたね。

釧路時代に水産加工場で働いていたからか、母は鮭が好きでした。丸ごと一本買ってきて、焼いたり煮たりしてましたね。ただ有名なルイベにはしなかったです。釧路にいた頃は、魚が豊富にあったでしょう。ルイベは保存食だから、山間部のアイヌなんかが食べていたんだと思います。キトピロも二〇代になってから初めて食べましたね。あとは『フキばあさん』て呼ばれるくらい、母はフキが好きでした。それも北海道の大きいフキじゃないとダメなんです。だから釧路に帰省したときなんかは、いっぱい持って帰ってきてましたね」

また照代さんは、アイヌの食文化にまつわる、ある面白い説を紹介してくれた。

「豚骨スープは、実はアイヌ料理がルーツだっていう説があるんですよ。アイヌは元々、骨を煮てダシをとる文化があるんですけど、このダシは結構、臭いんです。昆布交易のときに、豚骨を持って帰って、これも煮て食べてたそうです。豚骨もにおいますけど、アイヌはあまり気にせず食べていたから、そう言われるようになったようです」

確かに、日本でブタの飼育が盛んになったのは明治以降だ。交易によって地元では採れない昆布を使うようになった沖縄は、ブタを食べる歴史が長いが、あの白濁した豚骨スープは沖縄の食文化にはない。

真偽のほどはわからないし、なにぶん古い話なので解明できないかもしれないが、なかなか面白い説だ。

## アイヌ系日本人

アイヌについては、数年に一度、思い出したように「アイヌ民族はいない」といった趣旨の発言が、政治家などから出てくる。

確かに「純血のアイヌ」という意味では、今はもうほぼ皆無といっていいだろう。それは「純血の路地の者」など、全くいない現状とよく似ている。現在、路地出身者の八割以上は、一般地区出身者と一緒になっている。

アイヌ出身の言語学者、知里真志保《ちりましほ》はアイヌについて「アイヌ系日本人」という言葉を使った。

知里が活躍した一九四〇年から五〇年代当時にしては非常に前衛的な表現だったゆえ、批判にさらされることもあったが、この知里の言葉は、ようやく時代に追い付いたといえよう。

例えば小笠原諸島にいる人の一部は、「白系日本人」と呼ばれる。

これは捕鯨船などでやってきた、主にアメリカ系の人々が、それまで無人島だった小笠原諸島に住み始めたのが最初だった。しかし幕末以降に日本人の入植が進み、小笠原諸島は日本領土となった。そのためアメリカ系住民たちはそのまま日本人となり、俗に「白系日本人」と呼ばれるようになったのである。

しかし移住した人々の中にはポリネシア系、黒人系の人々もいたので、外見は大きく分けて白人系と黒人系がいる。そのため「白系日本人」というよりは、どちらかというと「アメリカ系日本人」と呼んだ方が正確だろう。面倒なので便宜上「白系日本人」と呼ばれるようになったのだろうが、これには黒人系住民を無視する視線が感じられる。

その一方で、ほぼ全てのアイヌは、明治になってから本州の和人との混血が進み、その生活も日本式になったことから、現在のアイヌは知里の提唱した「アイヌ系日本人」という言葉が正確だと私は思う。アイヌの特徴である彫りの深い顔立ち、毛深さをもっている人でも、祖父母、または父母のどちらかが和人という人がほとんどだからだ。

アメリカでは黒人のことを「アフリカ系アメリカ人」と呼ぶが、これは黒人のことを指す言葉の多くが差別的な意味を含むようになったので、正確を期して使われるようになった。もちろんポリティカル・コレクトネス（政治的言い換え）の一つでもある。また近年は黒人の中でもヒスパニック系やアフリカ移民が多くなったので、区別する必要があったのも一つの要因だ。

それはともかく、知里真志保が提唱した「アイヌ系日本人」は、私はなかなか悪くない呼称だと思う。現在のアイヌのほとんどは、和人の血が多少なりとも入っているからだ。

## 今も生きるアイヌの伝承

私は元来、暑いところが苦手ということもあり、北海道にはもう二十数回通っている。しかし行くところは道北、道央、道南が圧倒的に多く、中でも道北は人が少ないため、気に入っている。有名な観光地といえば、せいぜい日本最北の宗谷岬くらいで、何もない荒涼としたところが好きだ。

道北の天塩町に行ったとき、こういう体験をした。

町の近くに「怨念のニレ」というのがあった。

これは昔アイヌの娘が、そのニレの木の根元で和人に殺されるという事件があったのだが、それ以来、このニレを切ろうとした人は必ず怪我をするようになったので、地元では「怨念のニレ」と呼び、道路にまで枝が伸びるようになっても、切ることができなかったという逸話が伝えられている場所だった。

その場所に行ってみると、確かに枝は伸び放題で、ここだけは道路にもはみ出している。後で聞いたところによると、今はこれでも伐採した方だという。一〇年ほど前までは地図にも載っていたのだが、現在の地図からは消されてしまった。

役場で訊ねると、「確かにこの辺りはアイヌの人が多いのですが、あまり表に出たがらないし、怨念のニレもマイナスのイメージがあるからということで、看板を外してしまったのです」と教えられ、まだそのような偏見が残っているのかと驚いた。

また道央の旭川から石狩川を一〇キロほど下ったところにある神居古潭《かむいこたん》という所には、アイヌの魔神伝説が残されている。

そこを流れる石狩川には奇岩が多く見られるのだが、これは巨大な魔神が倒された後、石になったという。

私は特段、そういう伝説に興味があったわけではなかったのだが、ただ「神居古潭」という地名が、アイヌ語で「神の村」という意味であったので、その名に惹かれて訪れたことがある。

一応、観光地にはなっているが、紅葉の時期以外は訪れる人も少ない。

散歩した後、露店で焼きトウキビを売っていたアイヌの婆さんと雑談した際、ふと「さっき歩いたところは、魔神伝説があるんですね」と言うと、婆さんが急に怯えたように「知らない。私は行ったことがない」と言う。

「どうしてですか」とさらに訊ねると、婆さんは「あんな怖いところ、行くわけないでしょッ」と怒られたので、とても驚いた。

まさか、そんな古い伝説を今でも信じている人がいるとは思っていなかったので、これにはいたく感動させられた。きっとアイヌの伝説のいくつかは、こうして伝えられ、今も生きているのだろう。

## 二風谷で食べた料理

アイヌ料理についての私の最初の思い出は、北海道平取《びらとり》町にある二風谷《にぶたに》の食堂だった。アイヌ研究者の故萱野《かやの》茂《しげる》が生まれ育った二風谷は、アイヌを象徴する聖地であり、これまでに一〇回以上は訪れている。

まだ大学生だった私が初めて訪れたときは、「貝澤民芸店」の一室を無料宿泊所として開放していたので、そこに泊っていた。ただし、暖房がなかった。冬だったのであまりに寒くて、部屋の中でテントを張って寝たのを覚えている。もともと春から秋にかけて訪れる貧乏旅行者のために開放していたものなので、冬に行った私が悪いのである。ちょっと気になって最近、訪ねてみると、現在は民芸店のみの経営で、部屋を貸すのは止めたそうだ。ご主人も不在で、残念ながら話ができなかった。近所の人の話では、今日は旭川の方まで木彫り用の木材を採りに行っているということであった。

その代わり今は、近くにある「ドライブイン・ユーカラ」という食堂が無料で宿を提供しているということであった。ここで食事をすれば無料で泊れるが、冬期は閉鎖している。私はここに泊ったことはないが、食堂でキトピロ・ラーメンを食べたことがある。キトピロは「ニンニク風味のニラ」のような食材なので、ラーメンにも合い、なかなか旨かったのを覚えている。

また二風谷では、夏期限定でアイヌ料理を出す「ランチハウスBEE」という店がある。夏期だとだいたい開いていて、ここでのお薦めはキトピロのカツ丼などである。とにかく量があって旨いが、伝統的なアイヌ料理とはいえない。

ここで出している伝統的な料理としては、シト（団子）がある。ジャガイモを使ったものではなく、オオウバユリを使った本格的なシトで、これも地味（土地の味）があってなかなか旨い。イナキビ団子とセットで、五〇〇円くらいだったと思う。

## 屈斜路湖の丸木舟

道東地域は人気の観光地ということもあり、観光地が苦手な私はこれまで敬遠してきたので一、二度しか行ったことがない。

だから阿寒湖周辺が「アイヌ観光の聖地」と呼ばれていることも知らなかった。本格的なアイヌ料理を堪能するには、この阿寒湖周辺が重要な拠点になる。

阿寒湖の近くにある屈斜路湖には、「丸木舟」というホテルがあるのだが、食堂も併設していて、ここでは伝統的なアイヌ料理を食べることができる。

経営者はアドイさんという、アイヌのミュージシャンだ。

アドイというのはアイヌ語で、「海」という意味で、日本語で書くと「アトゥイ」と発音する。簡単に言えば、トとツの間だ。

ローマ字表記だと単に「ａｔｕｉ」となる。日本語で表記すると何と発音して良いのか難しく思うが、実際に耳にして発音すると、そう難しくはない。機会があれば博物館などで、実際のアイヌ語を体験してほしい。

このアドイという名は、アーティスト名で、本名は豊岡征則さんという。彼には三つの名があるが、ここでは本名で記したい。

豊岡征則さんは一九四五年、釧路近くの白糠《しらぬか》町生まれで、現在六九歳（取材当時）になる。

「幼い頃から学校にはほとんど行かなかった」という以外、彼は少年時代のことを話したがらない。著書『アドイ』(北海道新聞社)には小学校一、二年生のとき、七、八人の和人の子に襲われて袋叩きに遭ったエピソードが紹介されているが、どちらかというと暗い少年時代を送ったようだ。

「差別や貧乏、つらい話ばっかりさ。そんな話してもしょうがないだろ。暗い話をするよりも、オレは人を楽しませたいんだ」

先に「彼には三つの名がある」としたが、それは本名とアーティスト名の他に、正式なアイヌ名があるからだ。

もともと昔のアイヌには、子供に名前を付ける習慣がなかった。物心ついて本人の性格がわかってきた頃に、その子に合った名をつける。それまでは「チビ」などと呼ぶだけだったという。これには早く名をつけると悪霊に連れていかれるため、という理由があった。

豊岡さんは幼い頃から生活のために廃品回収などの職を転々とし、一〇代からギターを持って海外放浪の旅に出たりしていたが、日本に戻ってしばらくたった二五歳のとき、アイヌのエカシ(長老)から「サンニョ・アイノ」というアイヌ名をもらった。

これは「考える人」という意味で、「お前は小さい頃から物事を深く考えるクセがある」ということで、エカシにそう名付けられたのだ。

あまりに畏《おそ》れ多いので、豊岡さんは辞退を申し出た。

するとエカシに「なんだこの野郎、度胸がないな。そのプレッシャーに立ち向かっていけ」と叱られてしまい、そのままになったという。

しかし豊岡さん自身は、結局、この偉大な名をあまり使いたくなかったので、自分で付けたアーティスト名「アドイ」を使っている。豊岡さんの交流関係は幅広く、故赤塚不二夫からジャズの坂田明氏、梅原猛氏などと付き合いがある。アイヌの中でも、かなり異色の人物だ。

その後、音楽活動を続けながら、紆余曲折《うよきょくせつ》をへて阿寒湖で喫茶店「宇宙人」を開いた豊岡さんだが、近くの屈斜路湖のコタン（村）に、民宿を作る計画が持ち上がり、一九八〇年に町の土地を借りて民宿「丸木舟」を開いた。

その頃はカニ族、つまり幅広のキスリング・ザックを背負い、格安で旅行する若者のブームが続いていた。そのため「丸木舟」も当初は相部屋が主体だったが、現在は全面改装してホテルになっている。

「それから九一年に『モシリ（世界）』というグループを結成して、この『丸木舟』でライブをすることになったんだ。全国ツアーもしていたけど、今はここ『丸木舟』か、地元でのライブが中心だね」

私も実際にそのライブを見せてもらったが、音楽はシンセサイザー、ギター、グランドピアノ、パーカッションを駆使した前衛的なもので、ボーカルは女性二名が担当。曲が流れると、豊岡さんの娘さんをはじめとする女性たちによるアイヌ舞踊も始まる。

私は、アイヌ舞踊やウポポ（歌）を映像でしか見たことがなかった。生で見るのは初めてだったので興味深く見た。

舞踊自体は、古式舞踊を基本にしてアレンジしたものだ。

「アイヌの踊りっていうのは、二種類ある。まず神や自然に捧げるもの。それとみんなで踊るものだ。だからここでは、捧げるものをライブでやってるんだ」

しかし、音楽はかなり特殊だ。

ちょっと「サイケがかった演歌」に聞こえないこともないが、クラシックの現代曲にも似ている。

「どうだった」

と上演後に訊かれたので「何とも言えないです」と正直に言うと、「みんなそう言って呆然となるんだ」と豪快に笑った。これはCDとして販売もしている。

　また、「丸木舟」は個室のビジネスタイプもあるが、二〇一五年には特別な「アイヌ室」ができた。

　これまでアイヌをモチーフとしたホテルでは、阿寒湖にある「あかん湖 鶴雅ウイングス」にアイヌ室があるのが有名で、このホテルには木彫りアーティストの床《とこ》ヌブリの作品が多く展示されている。しかし、その他のホテルには同じコンセプトの部屋がなかった。

　そこで豊岡さんは「丸木舟」をリニューアルするとき、アイヌ文化に触れられる部屋をということで、一室だけ特別室を造ったのだ。

　特別にオープン前の「アイヌ室」に泊めさせてもらった。部屋に本物の囲炉裏があるのはもちろん、いたるところにアイヌの刺繍や伝統的な工芸品が置いてある。

　さらに屈斜路湖を見渡せる窓辺には、それぞれ意味のある手作りのイナウ（木幣）がいくつも捧げられており、一人で泊るとちょっと怖いくらいだ。

　特に信心深いわけではない私でも、アイヌの神々が宿ったようなこの特別室にいると、敬虔な気持ちになる。それはともかく、次回はぜひ一人ではなく女性と泊りたいと思った。

## アイヌ料理のフルコース

豊岡さんはもともと飲食店もやっていたくらいだから、料理も得意で、今はここ「丸木舟」の他に、夫人が阿寒湖で「味のゆりかご」という食堂も経営している。ここではキトピロや鹿肉を使った簡単な料理を食べることができる。

しかし「丸木舟」のお薦めは、やはりアイヌ料理のフルコースだ。

「北海道の中でも、アイヌ料理のフルコースを出しているのはウチくらいだろう」

そう豊岡さんも豪語するくらい、数多くの創作アイヌ料理が出てくる。フルコースには「銀のしずく」(五〇〇〇円)、「金のしずく」(九〇〇〇円)の二種類がある。

このコース名には意味がある。

大正一一年に一九歳で夭折《ようせつ》したアイヌの知里幸恵《ゆきえ》が、言語学者の金田一京助に残した詩を元にしているのだ。

「銀の滴降る降るまわりに

金の滴降る降るまわりに」
という歌を私は歌いながら
流に沿って下り、人間の村の上を
通りながら下を眺めると

という一節で始まるこの神謡《しんよう》は、神の化身である私（フクロウ）が、驕《おご》り高ぶる富者の子供たちの黄金の矢ではなく、村で苛められていた貧者の少年が放った木の矢を、自らつかんでわざと射とめさせ、貧者を富者にして村のみんなを昔のように仲良しにさせる、というストーリーだ。冒頭の一節は、詩の中で繰り返し出てくるため、特に知られている。

口承で伝えられてきたアイヌの神謡の中では、その美しさゆえもっとも有名なもので、この詩を収めた『アイヌ神謡集』はベストセラーとなり世界各国で翻訳され、アイヌ文化研究の嚆矢《こうし》となった。現在はネットで全編を読むことができる。この詩を残した知里幸恵の弟が、後にアイヌ語研究で知られる知里真志保である。

「丸木舟」のコース名は、この感動的な神謡の一節から取られているのだ。

料理長は、ライブでボーカルも担当しているシノッチャキ房恵さんだ。

①　食前酒（すもも）
②　お造り（パリモモ、ヒメマス）
③　パリモモの洗い
④　三食ルイベ（ヒメマス、アメマス、パリモモ）
⑤　パリモモのぬた
⑥　チョケプ（アイヌ風サラダⅠ）
⑦　ユクちゃん焼き
⑧　ヒメマスはらす焼き
⑨　唐揚げ（ヒメマス、パリモモ）
⑩　ピリカ鍋
⑪　手巻きルイベ寿司（パリモモ・ルイベ）
⑫　キトピロサラダ（アイヌ風サラダⅡ）
⑬　キトピロ卵とじ

屈斜路湖にある「丸木舟」のアイヌ料理フルコースでの前菜

⑭　エハアマム
⑮　パリモモ　チタタプオハウ
⑯　ユクカムオハウ
⑰　三色シト（イモ、カボチャ、ポッチェ）とアイヌ茶
⑱　ごまアイスクリーム
⑲　シケレペソースのアイスクリーム

一つ一つ説明すると煩雑になるが、やはり内陸部にあるので、特徴としては川魚と鹿肉にある。全てのメニュが屈斜路湖とその周辺、白糠、静内と、地元産の食材を使うよう徹底されている。

パリモモというのはウグイのことで、川魚はほぼ全て、豊岡さんが自ら釣り上げた魚で養殖物は一切ない。そのためコースは全て予約制だ。

もっとも興味深かったのは、パリモモなど川魚のルイベだ。サケのルイベしか食べたことがなく、あまりルイベは好きではなかったのだが、これは旨い。

パリモモなどの川魚が多用されている点は、他の山間にある旅館と同じだが、一般の旅館ではたいてい塩焼き、刺身、洗い、煮付けくらいのバリエーションしかない。だが、ここでは非常に多種多様な料理方法で調理されているので、不思議に飽きない。

また「ユクちゃん焼き」というのは、冷凍していない生の鹿肉を、塩だけ振って炭火焼きしたもので、野趣のある味だ。

私は創作料理というものが全般的にあまり好きではないのだが、アイヌ料理（ソウルフード）は別だ。アイヌの古い伝統に則った食物は、幼い頃から食べていないと食べにくい。だからこうして現代風にアレンジしたものの方が、一般的にはおいしく食べられるだろう。

夕食後、豊岡さんと酒を呑みながら話を聞いた。

「アイヌ料理の本命中の本命というのは、やっぱりキトピロ（行者ニンニク）だと思う。昔は干して食べていたけど、これを入れるのと、入れないのとでは味と香りが全く変わってしまう」

「アイヌと一言でいっても、北海道は大きいから、地方によって違いがあるんですよね」

「そうだね。キトピロにしたって、阿寒湖の方ではそのままキトピロっていうけど、日高の方ではプクサって言う。だから同じ北海道の中でも、文化はちょっと変わってくるね」

「豊岡さんの小さい頃は、どんなアイヌ料理を食べてましたか」

「オレの小さい時は、オハウ（汁物）、シト（団子）、ルイベが多かった。ルイベっていうのは、魚だったら何でもルイベにできる。ホッケのルイベもあるくらいだからね。それから、特にシトはアイヌ以外、一般家庭ではどこも食べてなかった。だけど基本的に明治から入ってきた開拓民というのは、アイヌの食べ物から学んだんだよ。苦労したのに開拓に失敗して、本州に帰ったって話は珍しくないけど、その多くはアイヌを土人って言って馬鹿にして、学ぶのを拒否した人たちなんだよ。だってアイヌはずっと昔から北海道に住んでいたんだ。アイヌに学べば、飢えることはなかったのにね」

「確かに野草もよく使いますね」

「アイヌ料理は、突き詰めるとすべて薬膳料理になる。食べられるものは何でも食べたしね」

「豊岡さんの一番好きなアイヌ料理っていうのは何ですか」

「アイヌ料理っていうほどのこともないけど、やっぱり野生のユク（鹿肉）を塩だけで焼いて食べるのが、オレは一番好きだね。よく鹿肉はダメという人がいるけど、それは最初に新鮮でいい鹿肉を食べてないからだ。野生の鹿は体温が高いから、腐敗が進むのが早い。だから獲ったら、すぐに首の動脈を切って川の水に浸ける。まずこれをしてないと美味しくないいんだ。野生の鹿をちゃんと処理したものは、牛肉なんかよりずっと美味しいよ」

「やっぱり肉が好きですか」

「そうだね、川魚はいつでも獲れるからね。小さい頃は何でも食べたな。貧乏だったから、犬も食べてた。これは味噌で炊いて食べるんだけど、昔は和人もみんな食べてたよ。あと野生で言うとウサギだね。これはワナで獲る。熊肉は獲れたときだけ、みんなで分けて食べてた」

「そう考えれば、冬でも結構、タンパク質が摂れますね」

「そうそう、あとはエゾリスがあった。これは大きいから、散弾銃で獲る。これも鹿肉と同じで塩焼きにして食べるんだけど、何匹もとって、近所でおすそ分けするんだ。脂がのる冬にはよく獲ったよ。今は食べなくなってしまったけど、リスは例えようがない旨さだよ」

「これだけ食べ物が豊富だと、確かに開拓民も、アイヌの知恵を取り入れれば飢えることもなかったでしょうね」

「うん、そうだね。アイヌっていうのは、もともと『足るを知る』民だった。だいぶん前にアイヌの婆さんから聞いたんだけど、あるとき『エホバの証人』っていう宗教の勧誘が来たんだって。そしたらアイヌはチャランケ（長時間の話し合い）の文化があるから、勧誘に来た人の話を一日かけても付き合って聞いてあげるわけさ」

　それで話が終わったら、婆さんはこう言ったという。

「私はいま幸せだ。先祖が伝えてくれたことを守ってるからな。あなたも幸せなんでしょ。だからお互い、見つけた幸せを大事にしていきましょうね」

「これにはさすがに勧誘に来た人も、絶句したらしいよ」と、豊岡さんは豪快に笑った。

## 阿寒湖畔

阿寒湖に来たのは初めてだが、その雰囲気に圧倒された。

まず入り口には「歓迎　アイヌ部落」という大きな看板が掲げられている。西日本の人間なら、路地のイメージが想起されるだろう、堂々たる看板だ。

例えば奈良の水平社発祥の地や、岡山の渋染一揆で有名な路地も、これくらい堂々と売り出せばいいのにと、つい余計なことを考えてしまう。

しかしよく考えてみたら、昔は大阪でも「部落差別をなくそう」といった看板があちこちにあり、結局はそこに路地があることを周囲に知らしめていたものだ。国の同和施策が終わったから、はい、看板を外しましょうというのは、何とも情けない気がする。

今回、話を訊いたアイヌ系日本人は、みなアイヌであることを隠そうともしないし、どちらかというと、それをウリにしているポジティブな人たちばかりだ。ただしアイヌの中でも、そういう人は限られている。

関東に住む多くのアイヌ系日本人はその出自を隠しているし、北海道内でも道北などでは今も隠す傾向にある。一概にいえないのは、どの世界も同じなのかもしれない。

阿寒湖に来ると、それこそアイヌ一色になる。北海道好きを自認していた私も、なぜ

阿寒湖の入り口に掲げられた「アイヌ部落」という看板

もっと早く来なかったのだろうと、後悔したほどだ。しかし観光地が苦手で、道東にほとんど行くことのなかった自分のひねくれた性格から考えると、若い頃に阿寒湖を訪れていたとしても、これだけ大々的にアイヌをウリにしている所だと、逆に「アイヌの観光化」という偏見をもち、拒絶感をもったかもしれない。

とりあえずホテルにチェックインすると、アイヌ古式舞踊を見に出かけた。これもひねくれていた若い頃なら決して行かなかったかもしれないが、今は素直に興味津々である。こうして手軽にアイヌ文化に触れられる舞台を残しておいてもらって感謝するばかりだ。

常設劇場に入ったとき、シーズンオフの時期だということもあり、最初は私一人だけだった。「丸木舟」のライブの時と同じように、何だか申し訳ない気持ちになったが、始まる頃に二人の若い男女が入ってきたので安堵した。

季節やその日によっても違いがあるが、ここでは大体、一日に五回くらい公演をやっている。非常に伝統的でシンプルな舞踊と歌だが、アイヌ文化の一端に触れたような気がして中々良い。

最後にやはり「お客さんもぜひ一緒に」と言われて、舞台で輪になって踊らされたので、「ああ、やっぱり一人でなくて良かった」と再び安堵した。

## 知床ブーム

阿寒湖にはアイヌの工芸品店がたくさんあり、またアイヌ料理を食べさせる店も少なくないが、本格的なアイヌ料理を食べさせる店で有名なのは「ポロンノ」だ。

もともとは木彫りの店だったが、店内の傍らで喫茶店をやるようになると、それが人気となってついにカフェになってしまったという、変わった経緯をもつ不思議な店だ。

床みどりさんが店主だったが、今は娘の富貴子さんとご主人の経営で、二代目になっている。

初代店主の床みどりさんは一九五一年、道南の海辺にある浦河地方で生まれた。近くにはシシャモで有名な鵡川《むかわ》があり、積雪量が少ないことで知られる。二〇歳のときに、釧路出身の床明さんと結婚して阿寒湖に移り住んだ。

「それまで阿寒湖なんて行ったことなかったんです。浦河からだと山をいくつも越えて行くから、当時は密林のジャングルの奥地に嫁ぎに行くような気持ちでしたよ」

と笑って話す。床明さんは当初、釧路でエンジニアとして働いていたが、その頃には木彫り職人として阿寒湖に移り住んでいた。

実は床明さんの実兄は、アイヌ彫刻家として有名な故床ヌブリだ。

ヌブリは父の友人であり、木彫民芸品の製作の先駆者だった故山本多助エカシ（長老）と出会い、中学を卒業後に弟子入り。阿寒で木彫り職人として働いていたとき、アイヌの芸術家で、神奈川県で活動していた故砂澤ビッキに出会って強い影響を受け、木彫りの彫刻家として研讃することになる。

一九五七年、東京・銀座のデパートで個展を開催、六六年にはモダンアート展に入選して彫刻家として実力を認められた後は、道内外での個展はもちろん、スペイン、ギリシャでの日本展にも出品。数々の賞を受賞している。

同じように先住民が多く住むカナダには、群立するトーテムポールのような野外彫刻「カムイ・ミンタラ——神々の遊びの庭」を制作、世界的に活躍するアイヌ彫刻家となった。

その作品は、観光用の土産物とは一線を画し、まさに芸術と呼んで良いもので、朽木などの素材と木目をいかした自由奔放な作風は、見る者を一気にアイヌの世界へといざなう。ちなみに、先の「丸木舟」の豊岡征則さんに「サンニョ・アイノ（考える人）」と名付けたのは、床ヌブリが最初に弟子入りした山本多助エカシだ。

そんな兄の影響で、明さんも阿寒湖に移り住んで木彫りを始めることになったのだが、その店がいつの間にかカフェになっていき、「ポロンノ」誕生となった。

ちょうど私が取材に行ったとき、残念ながらその二週間前に床ヌブリは死去したばかりだった。

しかし、私がアイヌ古式舞踊をふらりと見に入ったとき、エカシ（長老）役として出演していたのが、故床ヌブリの弟で、みどりさんの夫の床明さんだと教えられて驚いた。明さんは阿寒湖のアイヌシアターで、大体いつも出演しているという。「えらく貫禄のあるアイヌの爺さんだな」と思っていたが、それが床明さんだったのだ。

「ちょうど私が嫁いだ頃は〝知床ブーム〟の盛りでした。木彫りの伝統工芸品もよく売れたし、阿寒湖も今よりもっと賑やかでしたよ」

みどりさんはそう語るが、〝知床ブーム〟というのは、私の世代ではほとんど知られていない。そんなものがあったのか、というのが正直なところだ。そういえば幼い頃、よく木彫りの熊が友達の家に飾られていたが、それは知床ブームの産物だったのだ。

「私の生まれた浦河は、あまりアイヌってことを表に出さない土地柄だったんですね。和人と半々くらいでしたから、特に差別とかも表立ってなかったんです。それが阿寒湖に来たら堂々とアイヌってことを名乗ってるでしょう。だから最初は本当にびっくりしました。店の前にもヒグマを飼ってましたし、お客さんもアイヌの民族衣装を着て、そこら辺を歩いていたから」

そういえば、昔は阿寒湖でもアイヌの老人が伝統衣装を着て「酋長《しゅうちょう》」役になって、観光客と一緒に写真を撮っていたと読んだことがある。この仕事は、夏はいいのだが、冬は寒いので酒を呑んでしまう。それで簡単な仕事だと思って就くと、身体を壊してしまうのだ。

同じ道内のアイヌでも、さまざまなアイヌがいることは先に記した。みどりさんも阿寒湖ではカルチャーショックを受けたと言うが、私もここまで盛大にアイヌ文化を売り出している所は他に知らない。最初に「歓迎　アイヌ部落」という大きな看板を見たときはギョッとしたものだ。阿寒湖では、アイヌである、ということは全くタブーではない。

## 「ポロンノ」の料理

みどりさんの世代では、まださまざまなアイヌの伝統料理を食べていたが、現在では無くなった食材もあると言う。

「浦河は魚がよく捕れましたから、タラやサメから油を採っていたんですね。一般的には魚油というんですか。これはオハウとかいろんなものに入れるんです。風味付けになって美味しかったんですけど、これはもう、無くなってしまいましたね」

「ポロンノ」で人気があるのは、やはり伝統的なユックオハウ（鹿肉汁）のセット（一〇〇〇円）や、ユック丼（同）だという。

ここでも鹿肉が使われているが、やはり牧場で養育した鹿肉ではなく、野生の鹿肉を使った方が旨いそうだ。

私がちょうど店に入った時も、若いカップルがそれを注文していた。店の入り口は、ちょっと古びた食堂といった感じだが、店内はきれいに内装されていて、オシャレになっている。

アイヌ料理は伝統的なものも素朴でいいが、「ポロンノ」の創作料理として私が注目したのは、「ポッチェ・ピザ」（七五〇円）と「めふスパ」（九〇〇円）だ。

ポッチェとは、ポッチェイモ（凍《しば》れイモ）をピザ生地に応用したもので、非常においしい。本州では手に入りにくい凍れイモをふんだんに使った贅沢品《ぜいたくひん》だ。

また「めふスパ」の〝めふ〟とはメフンのことで、サケの背ワタを塩辛にしたアイヌの伝統食材だ。これだけでも酒のツマミになるが、スパゲティと和えるとアンチョビのようになり、オイルベースのパスタにすると美味しい。

みどりさんの娘で、現在は夫と共に店を切り盛りしている富貴子さんは一九七五年生まれ、団塊ジュニアの私と同世代だ。アイヌ料理では何が好きだったか訊ねてみた。

「やっぱりユックオハウが美味しかったですね。塩味だけなんですけど、これが嫌いな人はいないんじゃないかな。あと思い出に残っているのは、おばあちゃんが作ってくれたポッチェイモです。今と違ってフライパン一杯に大きく焼いて作ってくれるんですけど、とても美味しかった。これは冷えると美味しくないので、温かいうちに食べます。私はポッチェイモの周りの固いところが好きだったので、それだけ食べて、真ん中の柔らかいところは残してましたね」

東京の「ハルコロ」とも交流があるが、「ハルコロ」ではポッチェイモが手に入りにくいので、あるときだけの限定メニュになっていることを思えば、やはり北海道ならではの贅沢な食べ方だ。

「嫌いなものもありましたよ。小さい頃、ラタシケㇷ゚（混ぜ物）を食べたときにシケレペが入っていて、それが苦くて子供心にショックでした。もう不味《まず》くて……」

富貴子さんはそう言って笑ったが、シケレペとは、キハダ（アイヌ語でシコロ）の実のことだ。樹皮を剝ぐと黄色なので、本州では「キハダ」と呼ばれるようになった。伝統的な採り方は春と秋、まだ実が青いうちに枝についたまま採る。壁に吊るしておき、実が黒く熟して乾燥したのを料理に使う。また枝ごと採らなくても、熟して黒色になると自然に落ちてくるので、それを使うこともある。

強い苦みがあるが、身体を温め、胃やのどに良いという。風邪をひいたときなどにも

阿寒湖にある「ポロンノ」の創作アイヌ料理「ポッチェ・ピザ」

飲んでいたそうだ。漢方薬のようなものなので、確かに子供は苦手だろう。

　店では「シケレペ茶」（三五〇円）として出している。確かに苦みはあるが、脂っこいものの後によく合う。強引に例えるなら、プーアール茶に似ているか。

　阿寒湖では、みどりさんが言うようにアイヌを前面に出してウリにしている。では現在、差別がまったくないかといえば、そうでもないようだ。

　ここに住むあるアイヌの息子さんは小学校一年生まではアイヌ語を習っていて、学校でも「明日は何を言おうかなあ」と、単語を覚えるのを楽しみにしていたのだが、あるときからパッタリ、止めてしまったという。

おそらく学校で何かあったのだろうが、何を訊いても息子さんはそれについて、何も語らないという。

# 第三章　北方少数民族の料理

## 悲劇の民族

北海道といえばアイヌが有名だが、実はさらに少数のウィルタとニブフという民も住んでいたことはほとんど知られていない。ウィルタとは、かつて「オロッコ」と呼ばれていた北方少数民族で、主に樺太、今のサハリン南部に住んでいた。

第二次大戦で北方四島がロシア（当時ソ連）に占領される以前、北方領土問題といえば、主にサハリンのことであった。

明治八年（一八七五）、日本がサハリンを放棄することでロシア領となったが、三〇年後の明治三八年（一九〇五）、日露戦争末期に日本はサハリンに侵攻。北緯五〇度線を境にしてサハリンは、日本とロシアの二国統治となり、南側を占領した日本は「樺太」と呼んだ。

北海道の面積より、少し小さいくらいのサハリンはしかし広大で、ここにはいくつかの先住民が住んでいた。

その中でも、日本と関係が深かったのが樺太アイヌ、ウィルタ（オロッコ）、ニブフ（ギリヤーク）だ。

彼らは四〇年後、第二次大戦が終結して再びロシア領となるまでは、日本人として暮らすことになる。サハリンの歴史は、まさに二大国に引き裂かれた歴史だった。

日本側にいた多くの先住民は、それまで狩猟のために移動して暮らしていたのだが、「オタスの杜」と呼ばれる集落に移住させられ、そこで漁業や狩猟、農耕などに従事し、子供たちは旧土人学校に通って日本式の教育を受けるようになる。

しかし第二次大戦後、樺太は再びロシア領となり、サハリンとなった。そして日本側で特務機関（スパイ）に徴用され活動していたウィルタとニブフは、戦犯としてシベリア送りにされた。

数年間の強制労働の後、解放された彼らは、故郷サハリンでロシア人として生きるか、日本人として日本に行くかを選択させられた。

そこで一部の者は故郷に戻り、一部の者は〝憧《あこが》れの日本〟北海道へ移住したのだった。

しかし学歴はもちろん戸籍すらなかった彼らは、北海道の網走や釧路などで主に肉体労働をして生計を立てる。アイヌよりさらに少数で、さらに出自を公けにした人がほとんどいなかったなどの理由で、彼らは日本ではほとんど知られない存在となった。

## 最後の生き残り

私は、北海道東部のある街に来ていた。

シベリアに送られた北方少数民族ウィルタの、最後の生き残りの老人がいると聞き、数日を費やして彼の自宅を探しあてたのだった。

この老人もそうだった。ウィルタであることを頑《かたく》なに隠しながら生きてきた。私は、そんな彼のもとを訪ねたのだった。

旧ソ連の名簿に、このウィルタの老人はこう記載されていた。

「一九二一（大正一〇）年、オタス出身。極東軍事会議判決一九四五年一〇月六日、逮捕。ロシア刑法五八条四項により八年の収容所。一九五三年一一月二七日、釈放。名誉回復一九九三年一月二七日」

今さら、ウィルタであることを隠しているこのシベリア帰りの老人に、そんな話を聞いていいものだろうかと、私は悩んでいた。紹介された人からも「彼に会っても話してくれないよ。そういうことはもっとも嫌っていた人だから」と聞いていた。

しかしどうしても一度、彼に会いたいと思った私は、思い切って彼の自宅を訪問したのだった。

思った通り、彼から出たのは激しい拒絶の言葉だった。

「あんたはいったい、何を聞きに来たんだ」

彼の言葉の端々とその落ち着きのない態度に、自らがウィルタであることを家族にも隠している様子がありありと伝わってきた。事情を知っているのか、知らないのかわからない息子を前にして、私にはどうしても「ウィルタ」や「オロッコ」という言葉を口に出して言えなかった。それで仕方なく、「シベリアでご苦労されたと聞いて、その話を伺いに来ました」とだけ言った。

彼はほっとした様子で、座りなおして語り始めた。

「なんだ、戦争中の話かい。戦争中は、樺太にいてな、特務機関でスパイをしとった。それからシベリアに送られて」

年齢もあるのだろうが、話がどうしてもスムーズにいかない。彼の名と記録からウィルタであることはわかっていたが、確認のために話の合間に、網走にいたウィルタの名をいくつか挙げて訊いてみた。

「……あいつは、もう死んでいない。もう、みんな死んでしまった」

「ソ連からシベリアに送られたことについて、名誉回復されたということはご存知ですか」

「ああ、知ってる。誰から聞いたか忘れてしまったけど」

話を変えるために「シベリアではどんな労働をしていましたか」と訊ねた。

「シベリアでは、丸太を運んだり、いろんな仕事をしとった。一度、積んどった丸太が落ちてきて、胸に直撃を受けて。気がついたらロシア人の監視兵の横に寝ころがされていたことがあった。川の向こうに花がいっぱい咲いててなあ。きれいだなあ、美しいなあって思って見ていたんだ。焚き火のそばで寝かされておった。それを見ながら、ああ、あれは夢だったんだなとわかった。わしはあのとき、死にかけていたんだなあ」

六〇年もの間、自らの出身を隠してきたのである。私は今の時点ではここで引き下がるべきだと考え、「シベリアに送られたウィルタの最後の生き残り」である老人の家を辞した。

家を出る直前、そのウィルタの老人に私は最後にこう訊ねた。

「故郷オタスに帰りたいと思ったことはないですか。サハリンも、今は簡単に旅行できるようになったじゃないですか」

老人はきっぱりと言った。

「そう思ったことはない。思い出したこともない」


現在、日本に住むウィルタ、ニブフの子孫たちの多くは和人と結婚し、そのルーツを捨て去り、北海道をはじめとして埼玉、神奈川、千葉など日本各地に移り住み、新しい生活を営んでいる。日本でその出自が知れると就職、結婚が不利になるため、彼らがそのルーツを、自らすすんで語ることはない。北方少数民族の子孫たちにとって出自を隠すことは、日本で暮らしつづけるための術《すべ》であった。

かつてギリヤークやオロッコと呼ばれた者たちの子孫と私たちは、この日本のどこかですれ違っているのかもしれない。

ウィルタやニブフは戦犯としてシベリアに送られたうえ、特務機関に直接、雇用されたということで「徴兵」とは日本政府から認められず、軍人恩給や遺族年金も受けられないまま、その生涯を終えていった。その事実を、多くの日本人は知らない。

## 「オロチョンラーメン」考

現在、多くの日本人に知られている彼らの痕跡は唯一、「オロチョン」という言葉だけである。それもサハリンとは何の関係もないラーメンの名として、である。

店名をそのまま「オロチョンラーメン」としている店もあるし、メニュの一部に「オロチョンラーメン」がある店もある。

店によっては「オロチョンとは、アイヌ語で『勇者』という意味です」などと謳《うた》っているが、アイヌ語辞典にあたっても、「オロチョン」という言葉が「勇者」を意味すると書かれたものは一つもない。

実はオロチョンとは、ロシアと中国の国境付近に住むまったく別の民族のことだ。アムール川流域にオロチという少数民族が住んでいるのだが、ロシア人が大ざっぱに北方少数民族のことを全て「オロチョン」と呼んでいたのを、日本人がそのまま呼ぶようになってしまったのだ。

一方でウィルタはサハリン南部に多く住む北方少数民族で、ニブフと同じく日本との関係が深い。このウィルタが「オロッコ」と呼ばれていたので、北方少数民族の総称としてよく似た「オロチョン」が残ったのだろう。

「オロチョン」という聞き慣れない言葉は、確かにどこか異国情緒を感じさせる。北海道ラーメンのブームのときに、定着したのだろう。しかし現在、彼らのことを「オロチョン」と呼ぶのは、蔑称にあたる。

私は、特にラーメン屋を批判しようとしているのではない。逆に彼らの名が残っていることは良かったのではないかと思っている。それが彼らとは何の縁もないラーメンの名としてであっても、だ。

それで実際に、オロチョンラーメンをいくつか食べてみたが、そのほとんどが「辛口味噌ラーメン」のことだった。

北方少数民族が、韓国のように特に辛い食べ物を好んでいた事実はなく、あるとしたら同じく北方に住む朝鮮族だろうが、ここであれこれ詮索するのは野暮というものだ。ラーメン自体はなかなか旨いし、辛党の人には今も人気がある。

## チェホフの記録

ウィルタとニブフの物語については、別に『異邦人』（拙著、文春文庫）で詳しく書いたので、ここでは最低限の説明にとどめたい。

ニブフについては、明治二三年（一八九〇）、当時ロシアの流刑地となっていたサハリンを作家チェホフが訪れたときの記録が有名だ。彼らの食事を中心に要約してみた。

——その昔、ギリヤーク（ニブフ）人の故郷はサハリンだけだったのだが、のちに、南部からアイヌ人に圧迫されて、そこから大陸の近い部分へ移ったのである。

ギリヤーク人はずんぐりした、逞しい体格で、中背というより、むしろ、小柄な方である。身体は痩せぎすな筋肉質で、皮下脂肪がない。でっぷりとふとったギリヤーク人などには、お目にかかれないのだ。明らかに、脂肪分がすべて体温に費消されているのである。そう考えれば、なぜギリヤーク人が、あれほど多くの脂肪を食物に求めるかが、理解できよう。

脂っこいアザラシの肉や、サケ、チョウザメとクジラの脂身、血のしたたる肉など、これらすべてを生のままや、干物、さらには多くの場合冷凍にして、ふんだんに食べるのだが、こういう粗雑な食事をするため、咬筋の密着した箇所が異常に発達し、歯はどれもひどく擦りへっている。

もっぱら肉食であるが、時たま、家で食事をしたり、酒盛りをしたりする時だけは、肉と魚に満洲ニンニクや苺《いちご》を添える。ギリヤーク人は農業を大変な罪悪と見なしており、地面を掘りはじめたり、何か植えたりしようものなら、その人間は必ず死ぬと考えている。

ギリヤーク人はげっとなるような重苦しい悪臭を放ち、彼らの住居が近くにあれば、乾魚や、腐った魚のアラなどの、不快な、時には堪えられぬほどの匂いによって、すぐにわかる。

干し場のすぐ近くで、おびただしい数のウジを見かけた。冬になると、小舎はかまどから出るいがらっぽい煙がいっぱいに立ちこめ、そこへもってきて、ギリヤーク人たちが、妻や子供たちにいたるまで、タバコをふかすのである。

ギリヤーク人の性格については、さまざまな本の著者が各人各様の解釈を下しているが、ただ一つの点、つまり、彼らが好戦的でなく、論争や喧嘩を好まず、どの隣人とも平和に折り合っている民族だという点では、だれもが一致している。新しい人々がやってくると、その都度愛想よく迎え入れる。

自分の引き受けた頼みをギリヤーク人はきちんとやってのける。これまで、ギリヤーク人が途中で郵便物を棄てたとか、他人の品物を使いこんだとかいう出来事は、一度もない。彼らは勇敢で、呑みこみが早く、陽気で、親しみやすく、有力者や金持といっしょになっても、まったく気がねをしない。自分の上には一切の権力を認めないし、彼らの間には《目上》《目下》の概念すらないかのようだ。

一家族の中で、男性はみな同格である。もしギリヤーク人にウォトカをご馳走するとなったら、いちばん幼い男の子にもすすめなければいけない。

彼らが今日にいたるもなお、道路の使命を全く理解していないという一事からしても、彼らがわたしたちを理解するのがいかに困難か、わかるだろう。道路がすでに敷かれているところですら、あいかわらず密林を旅しているのだ。彼らが家族も犬も列を作って、道路のすぐそばのぬかるみを、やっとのことで通って行くのを、よく見かける——

原本には、ニブフについてさらに詳細に書かれているが、誤解も多い。チェホフの書とはいえ、当時のロシア人がどのようにニブフを見ていたか、という記録以外の価値はない。

ただ冒頭の「アイヌが圧迫したのでサハリンに移住した」という説の真偽はあまりわかっていない。

特にニブフは一四世紀半ばの史書『元史』にも「吉里迷《ギリミ》」と紹介され、付近に住む少数民族たちのどれともつながりをもたない独自の言語をもっていた。つまり非常に古い系統をもつ民だ。そのため三世紀頃から始まり、一三世紀頃に消滅したオホーツク文化の担い手であった可能性がある。

アイヌは和人（日本人）との交易で力を付けていったので、北海道やサハリン周辺の北方少数民族の中では、もっとも強大な力をもっていた。アイヌの勢力が強まったため、サハリンに移ったと考える方が自然だろう。

また、「ウジ」の話が印象的だが、これは短い夏期の話で、もともと酷寒の地であるサハリンでは衛生面にそう気を使わなくても良かったし、自然と共に暮らしていたので、ウジはどちらかというと自然界の掃除屋でもあった。肉や魚を生で食べるという習慣は、日本人にもよく似ている。

## 日本側の記録

「北海道」の名付け親として知られる探検家松浦武四郎は、チェホフが訪れる三〇年ほど前の幕末一八六〇年頃、樺太を踏破している。そのときウィルタに会ったことを、松浦はこう記している。

「浜ではヲロッコ（ウィルタ）たちが私を見物しに大勢きていたが、いずれも鱒、アメマス、鮭、水豹（アザラシ）を持ってきてくれる。その親切には実に感心した。（ホロナイ川を下ってくると）両岸よりヲロッコ数十人が立っていて、さまざまな異様な声をあげて喜び、小船にさおをさして川の中ほどまで出迎えてくれ、いろいろな世話をやいてくれた」

松浦武四郎はアイヌとの交流も深かったためか理解があり、比較的好意的に記している。

しかし昭和五年（一九三〇）発行の『樺太要覧』では「オロッコ族」の説明にこう記されている。

「一般に無知蒙昧かつ怠惰で、三、四歳にしてすでに煙草を吸い、五、六歳で酒に親しんでいる者もいる。そうして生活が苦しくなれば他を恨み、あるいは同族同士で反目しあうような状態である」

　戦後しばらくたった昭和三二年（一九五七）の記録にも「一般に無知で怠惰・凶暴、煙草や酒を好み、隣保愛も欠如、同族間の不和も絶えない」（『北海道教育史』）と記されている。

　これは『樺太要覧』にある記録を引用したと思われるが、さらに「凶暴」という言葉が加えられている。

　また、戦前に出された『実用　樺太案内』には、「性質遅鈍にして到底永続すべき人種にあらざる如し」とあり、ウィルタについて「生活状態はギリヤーク人と同様にして更に是より劣等なりとは可憐の人種ならずや」と説明している。

　しかし、日本人の皆がそう思っていたわけではない。豊原（現ユジノサハリンスク）の女学校教諭をしていた谷内尚文は『樺太風物抄』にこう記している。

「先年私は画友である広田剛郎君と一緒にオロッコの小屋で泊ったことがあったが、私達は彼らの嗜好品をよく知っていたので焼酎と神楽を持って行ってやったが、とても喜ばれたものである。彼らは我々に沢山のフレップの実や野苺の実を御馳走してくれた。

　彼らは何れも親切で、落ち着いた印象を人に与えるものがあった。彼らは無闇に丁寧にしたり、腹の底では気に入らないのに顔で笑って見せる、そんな儀礼的なものをもたない。真実味があり、自分の思う通りに振舞って気が向かなければ一日口をきかない。彼らの天性のうちには、論争や、思い上がりや、嫌悪は巣食う場所がないらしい。いやそればかりではない。世の侮蔑や反抗や怨恨などは彼らの微笑にあうとみんな緩和してしまうようである。彼らの生活が最初に私達に打ったものは、素直さである。その素直さがすべてのものに潑剌と生気を与えている。単純簡素な彼らの世界はその素直から必然的に生まれたものにほかならない」

また、東京帝国大学で教鞭をとっていた音楽家田辺尚雄は、昭和二年（一九二七）に書いた『島国の唄と踊』で、樺太での北方先住民たちとのエピソードをこう紹介している。

「（蓄音機型の録音機を持参すると）はじめはなかなかこの器械を恐れてこれに接近しなかったが、私がやって見せて、その前で唄った声が再び独りで器械から出て来るのを見て、非常に面白がり、それから皆が競争的にやってくれた。ところが困ったことには、彼等は手を叩きながら唄うが、蓄音器の吹込みらっぱの前へ口を当てて唄っている内に、歌につり込まれて愉快になってきて、手を打ちながら立って踊りだしてしまう」

## ニブフとウィルタ

ニブフとウィルタはよく似た北方少数民族で、どちらもサハリン付近で互いに影響し合いながら生活してきた遊牧民だった。陸上では狩猟を、海や川では漁をして暮らし、土を掘り起こす農業は土地に対する冒瀆《ぼうとく》と考え、決してすることがなかった。

夏の家と冬の家が別々にあり、それぞれその時々によって毎回、建てなおす。たとえば夏になると漁業などに従事するための夏小屋を建ててそこに暮らし、冬がくると夏小屋を解体して半地下の冬用の家を建てるといった風だ。

ニブフは漁とアザラシやトドなどの海獣狩猟が主で、陸上での狩猟については毛皮を売る目的でテンなどの小動物をとる程度で、海や川に依存した民である。また常に何匹かの犬と生活を共にし、冬になると犬橇《いぬぞり》を編成して移動に使う。「我々の先祖は犬である」とする伝承がニブフの中に残っているほど、犬との関係が深い。

一方のウィルタは、海や川での漁もするが、陸上での狩猟もよくする。ニブフが犬を飼っているのに対し、ウィルタはトナカイを飼育する。夏は海岸や川のそばに三から一〇戸程度の集落をつくって漁に専念しているが、秋になると森林の中に放していたトナカイの群れをまとめるため、川をさかのぼって森に入っていく。

冬の間はトナカイに橇を引かせたり、トナカイに騎乗しながらクマや野生トナカイ、テンやキツネなどの小動物の狩猟を行う。野生のトナカイを狩るときは、飼育しているトナカイを囮《おとり》に使うこともあったという。

## サハリンの旅

この日本で、ウィルタとニブフの子孫に会うことは不可能ではない。彼らの多くはアイヌと同じように関東に移り住んでいるから、私たちはどこかできっと、彼らとすれ違っているからだ。

しかし現在、日本に住む彼ら子孫たちと、ウィルタやニブフとして会うことはできない。

辛苦の末に日本に来たものの、当初は戸籍すらなかった。さらに戦犯としてシベリアで強制労働させられたというのに、軍人恩給や遺族年金ももらえず、厳しい差別のために、ついに彼らは、心をかたく閉ざしてしまった。

だから現在、彼らと堂々と会えるのは、サハリンだけだ。

ニブフ・奥田長次夫妻の若き日の写真

サハリンは日本と非常に近い。

羽田からだと、二時間たらずで到着するので、ほぼ国内線の感覚だ。州都ユジノサハリンスクに着くと、翌日には夜行列車に乗ってポロナイスク（旧敷香）へ向かった。

サハリン中部の町、ポロナイスクでは郷土博物館のスベタラーナ・サンギ館長と共に、五人のニブフ、ウィルタに会うことができた。事前に、彼らはアイヌよりも和人に似ていると資料を読んで知っていたが、確かに区別が難しい。顔立ちはモンゴロイド系だ。

日本統治時代の名残から、今でも彼らには日本名が残っている。

例えばウィルタの山川一郎さんは七七歳、

北川ユーリさんは四七歳。ニブフでは奥田長次さんが七四歳、その夫人のライシャさんが五八歳、六七歳になる湊秀子さんは、奥田さんの妹にあたる（年齢は取材時）。

高齢になったとはいえ、彼らは今もサハリンで、日本名のまま生活している。

「兄が日本にいます。南極か北極の、日本の探検隊に付いたカラフト犬を育てたということで有名になったという噂は聞いていますが、北海道に移り住んだ後は連絡先がわからなくなっています。できれば会いたい。もし亡くなっているようだったら、墓参りをしたい」

奥田長次さんはそう言った。実際に探した人もいたそうだが、行方不明なのだという。これも、二つの大国に引き裂かれた小さな悲劇の一つだろう。

スベタラーナ・サンギ館長は、結婚したのでサンギ姓だが、元は「湊」姓だったという。私がニブフとウィルタの違いについて訊ねると、サンギ館長は面白い話を聞かせてくれた。

「人種といいますか、顔つきが違いますね。肌の色も違います。ニブフは浅黒くて、ウィルタは白い肌をしています。ニブフは杉（又はカラマツ）から生まれ、ウィルタは白樺から生まれたといわれているのですが、これは肌の色からきています。地元の人ならだいたい顔かたちでニブフとウィルタの違いを判断できますが、現在はロシア人や朝鮮人との混血がすすんでいるので、そうした混血の人はわかりにくいです」

このスベタラーナ館長はニブフで、たしかに少し浅黒いような気がするが、ニブフでも肌が白い人がいるから、どうも地元の人でなければわからないようだ。

また民族特有の文様をもっており、例えばウィルタはハート型に似た文様の刺繍を服などに施しているのだが、現在は、祭りなど特別なときにしか身に着けないので、実際にそれを見る機会はほとんどない。

アイヌの学者だった知里真志保も、一九四〇年に豊原高等女学校の教諭として樺太に赴任し、樺太庁博物館の嘱託としても働いていた。

知里は生活のために樺太で教鞭をとっていたのだが、本当の目的は、樺太アイヌの言語研究であった。知里はここで三年かけて樺太アイヌを調査している。

知里は帰国後、次のような文章（要約）を残している。

――宗谷の海霧の彼方に浮かぶモシリ（島）、ここ樺太もアイヌの郷里であった。白浜は淋しいコタンである。浜辺に建ち並ぶ部落の家々へは、いつもオホーツクから朔風が吹きつけている。樺太の東海岸、汽車で豊原より北上三時間、丁度邦領樺太の中程から稍々南よりに位置してこのコタンはある。

（国際結婚したが、その後、苦労して亡くなった樺太アイヌ女性について）晩年は不幸な女であった。死ぬ数年前より、かつてのピリカ・メロコポ（美しい娘）も目を病み、盲目となり果て、丁度いまから七年前、淋しく白浜コタンで死んでいった。併し遺児たちは、今も白浜に居住している。

そしてコタンにも春が来た。地肌が再び現れ、木原から小鳥の唄が、北の国の夜明けを奏でるように聞こえている。海は明るい色に輝いてくる。夏の世界が開けた。コタンは蘇生した。こうして、春が明ければ漁に、冬来れば山狩りに、コタンの生活は続けられていたのであった――

「論争学者」として知られる知里にしては、感傷的な文章だ。チェホフも書いているように、サハリンはどこか、訪れる人を感傷的にさせる不思議な魅力がある。

現在の人口は、ニブフがアムール川流域とサハリンそれぞれに二〇〇〇人、計四〇〇〇人程度が暮らしている。ウィルタはサハリンにしか住んでおらず、全てを合わせても三〇〇人程度しかいない。どちらも近年は、ロシア人や朝鮮系の人々との混血がすすんでいる。

## 北海道での北方少数民族

ウィルタの故北川源太郎（ウィルタ名　ダーヒンニェニ・ゲンダーヌ）は戦後、北海道に移り住んだウィルタとニブフの中でも、その出自を公にしていた貴重な人物だ。

――（自分は養子だったけど）貰い子だからといって差別なんかしない。日本人と違ってそういうことはまったく気にしないからね。オタス（樺太時代の北方少数民族の集落）は砂地のところにあって、ギリヤークやオロッコが一二、三軒ずつ、キーリン、ヤクート、サンダーなどが少し住んでいた。お互いの集落ははなれていたけど、普通に付き合っていたね。ただ嫁のやりとりは嫌っていた。家は丸太で組んだ家で、丸太と丸太の間にツンドラ（苔）を入れて隙間をふさいでいたから冬でも暖かかったよ。電気は敷香に行かないとなかったから、ランプをともしていたけどね。春先三月から五月ごろまでトッカリ（アザラシの北海道方言）を獲り、夏になるとマスを獲り、秋になるとサケ、冬になるとトナカイや木ネズミ（リス）、テン、カワウソなんか獲って生活をたてていた。それはのんびりしたものだったね。戦争でもなかったら、今でもそうやってのんびり暮らしていたんでないかな——

源太郎は、ロシアのラーゲリ（強制収容所）では日本人として生活をおくり、何より日本のために働いてきたのだから、解放が知らされたとき、迷わず日本に行こうと決める。

——親や兄弟がサハリンにいるのに、日本へ帰るというのは変な話かもしれないね。自由を求めたんだね。一〇年も自由を束縛されていたから、何としても自由がほしかった。ハバロフスクに行くと、ロシア人の係に親がサハリンにいるから帰らないかと言われた。オロッコだとわかっていたんだね。しかし親兄弟のところに帰っても、またラーゲリに戻ることにでもなったらと、恐ろしくてね。それで日本へ行く決心をした。ちょうど親戚にあたる者がハバロフスクにいて、年取った親を投げていくのかと責められたけど、いや北海道というところに行って親を待つんだと言った。ギリヤークの上村朝太郎はオタスに帰るというんで、親に手紙を書いて、一〇〇ルーブルと写真を渡して頼んでおいた。その時はもう無我夢中で、初めての日本にいって、その先どうなるかという心配はしなかった。先のことなど考えられなかった……——

そして昭和三〇年、舞鶴港で初めて日本の土を踏んだ源太郎は、知人や先に引き上げていた兄を頼って土方をした。たいした縁故も学歴も国籍もないウィルタに、できる仕事は限られていた。

そして三年後には日本赤十字社を通じて養父ゴルゴロら、一族八人をサハリンから呼び寄せ、網走に住居を移す。

モヨロ貝塚の発見者で、地元の名士的存在だった米村喜男衛の助力もあり、苦労しながらも日本国籍を取ることができた。

戦後、日本へ引きあげてきたニブフとウィルタらの家族は、総勢六〇人以上といわれている。彼らの多くは北海道に散らばって暮らしたが、とくに網走に多く住んだ。

「毎年、流氷がきてきれいだし、川が流れていてオタスの風景にもにていたから」

北川源太郎は亡くなる前、網走に住むようになった理由を、そう語っていたという。

## サハリンでの食事

サハリンの食事情については、ソ連崩壊から二〇年以上がたった現在、大きく変わった。州都ユジノサハリンスクでは、日本食も食べられるほどだ。

私は通訳に頼んで庶民が入る食堂に連れて行ってもらったが、アルミ製の器に薄いボルシチ、漬物、魚の揚げ物、黒パンなどの定食が定番となっていた。味はうまくもないが、かといって不味くもない。これで一五〇円ほどだったから、べつに文句もない。

興味深かったのは、地方都市のポロナイスク（旧敷香）での食事だ。ウィルタとニブフについて、いろいろインタビューを重ねながら、私はいろんなものを食べまくった。

外国人用ホテルがまだあり、そこに泊ることを決められていたが、ここは朝食が出ない。そのため商店で黒パンと、肉屋で巨大なサラミソーセージを買っておいたが、これがまた旨い。私は全粒粉や雑穀の入ったパンが好きなので、黒パンも抵抗がない。朝はもっぱら、女性の腕くらいのサラミばかり食べていた。

レストランにもいくつか入ったが、ここにもファーストフード店ができていて人気がある。他のレストランは、まるで廃墟のようになっていて、私が見たところ看板すらな

サハリンの食堂での一般的なセット

い。

しかし通訳がある廃墟に堂々と入って行くので、私は「ヤミのレストランかな」と思ったが、そうでもないようだ。どこからともなく給仕がやってきて注文をとり、持ってきた料理はそれなりに旨かった。

さすがにポロナイスクでは、ビーフストロガノフなどの比較的、洗練されたロシア料理はなかったが、ジャガイモのスープなど、とにかくスープ系が多かった。黒パンに合うのかもしれない。

珍しいのは干しイクラで、これはウィルタ、ニブフも食べており、子供のおやつにもなったという。嚙んでいる間に、ネチャネチャと歯にくっついてくるので、味はい

サハリンでは一般的な料理の「ナマコの酢漬け」

いのだが慣れないと食べにくい。商店の物は豊富で、缶詰類の他に干し魚なども売っている。

他に目立ったのは、路上でピロシキを売っているおばさんが多かったことだ。私はこのとき初めて、ピロシキにイチゴやアンズのジャムを入れたものがあることを知った。ロシアでは常識だという。

初めから知っていたら、そう抵抗はなかったと思うのだけれど、肉だと思って食べたら甘いジャムだった衝撃は大きく、私はこれが苦手になってしまった。しかし日本で一般的なミンチ肉の入ったピロシキの方が少なく、これを探すのに大分苦労させられた。

取材最終日には、とうとう通訳が食べすぎでダウンしてしまった。彼は韓国系ロシア人で、ロシア語より日本語の方が流暢《りゅうちょう》に話せる。

調子が悪いというので、何かにあたったかなと思っていたら、本人は「食べ過ぎてしまった」と言う。

「もう少しひかえればいいのに」

私がそう苦情を言うと、彼は苦しそうな顔でこう言った。

「あなたがあまりにも美味しそうに食べるから、私もつられて食べてしまった。あんなにサハリンの料理を美味しそうに食べる人は、初めて見ました」

### ニブフのデザート

ニブフの家庭を訪ねたとき、伝統的な食事についても話を聞いた。しかし、年寄りのためあまり要領を得なかったので、何人かの人に聞いて総合してみると、次のようなことがわかった。

アザラシ、トド、鱒、アメマス、サケ、チョウザメ、クジラを生で、また干したり冷凍にして食べていた。それに加えて行者ニンニク（キトピロ）、フレップの実、野苺の実も食べていた。他にも野草類があるが、冬は採れないから、乾燥させて保存していた。

またニブフは犬と関係が深いから、昔は犬も食べていた。いまは食べなくなったが、これは食糧事情の改善と、ロシア領になって近代化したことから廃れてしまったのだろう。逆にサハリンでは現在、ロシア人の方が犬を食べているそうだ。ウィルタはトナカイを飼っているから、当然、トナカイも食べていた。

アザラシは今でも罠を仕掛けるなどして捕らえて食べるが、脂肪をのぞいて、肉は生では食べなくなった。塩ゆでにして食べるのだが、これは美味しい。ジャコウジカも食べるそうだが、これは見ることができなかった。

サケは好んで食べるが、コマイ、チョウザメなども現在は刺身やルイベにして食べている。あとは焼いたり、魚スープにする。そういえば、私が食べたスープ類にも、魚が多く入っていた。

干し魚は、ウィルタやニブフだけでなく、ロシア人もよく食べる。ロシア人は肉を好むが、サハリンでは生肉よりもソーセージやハムなどに加工したものがよく出回っている。

また、ウィルタやニブフは「大地を傷つけるのは悪である」とする伝統から、以前ま

トナカイに乗る少年。今も伝統的生活を送るサハリンの北方少数民族

では農耕をすることがなかった。これはアイヌも同じだが、最近の研究ではアイヌも焼畑をしていたそうだから、若干違うことになる。これはやはり緯度の関係だろう。より北にあるサハリンでは、農耕してもあまり育たなかったからだと思われる。もちろん、現在ではウィルタもニブフも畑作をしている。サハリンでは凍土が融けたり凍ったりを繰り返すので、土木関係の工事をしょっちゅうしているから、この肉体労働に就いている人も少なくない。

さらにサハリン最北部では、ロシア政府の保護を受け、今も犬やトナカイを飼って、伝統的な生活を守っているニブフなどがいる。

私もぜひそこに向かいたかったのだが、交通の便が非常に悪く、往復するだけで三日以上はかかるので、私の手持ちの取材費では、北緯五〇度線まで行くのがやっとだった。ここには日露双方の慰霊碑がある。

また北海道に移り住んだ彼らは、独自の食文化を維持することができなかった。何より土地も違うし、和人はもちろんアイヌも多く、環境が違いすぎるからだ。しかしサケトバ（干し鮭）、ルイベなど、共通する食文化もあったので、やがて順応していったのだと思われる。

彼らの伝統的な食文化についての研究はあまりないが、樺太時代から現在まで、食べていたものは大体わかっている。

千葉大学教授の故金子亨は、ニブフ語研究者だったが、食文化についても調査記録を残している。金子は「ニヴフ─北の隣人─（試稿）」という論文で、ニブフ料理の基本についてこう紹介している。

1）前菜：魚スープ、野鳥のスープ、イクラスープ、昆布スープ、芹とイクラのスープ等

2）干し魚料理：皮付きトバ、刻みトバ、焼きトバ、三枚干しトバの料理
3）生魚料理：焼き魚、煮魚、わたの煮物などの料理
4）アザラシ料理：アザラシ肉の煮物、アザラシのシャシリク、内臓の煮物
5）魚と果実類の料理：モース、果実と魚の和え物、カラフトマスのミルク和え、昆布和え、ホロムイチゴと魚の和え物

こう書き出してみると、非常に素朴だが、特徴としては魚と果実を和え、それでデザートを作っている点だ。

中でも「モース」というデザートについて、金子はさらに詳しく説明している。

――ニヴフ料理はサケやチョウザメなどの魚を主にして野菜を穀物と一緒に食べるのだが、レシピは豊富で、テーブル一杯にさまざまなお皿を並べて最大限にお客を遇する。料理をけちると、村中の非難の的になる。評判が墜ちて、人が寄りつかなくなる。大変に人付き合いを大切にする人たちである。

モースの作り方は、まずモース作り専用の木桶（オロン）を出してきてきれいに洗う。

ヴェーラさんのオロンはかなり大きく、長さ80センチ、幅25センチ、高さ（＝深さ）10センチほどだった。両端の台にはニヴフ模様が彫刻されている。

これに鱗をとったサケの皮を水にさらしておいたものを柔らかくしごいてして、オロンに入れる。それをママスと呼ばれる独特の棒で捏ねる。長時間ゆっくりと捏ねてゼラチンを抽出する。牛乳を少しずつ加えていくと、とろとろの白い液体がオロン一杯になる。

白い液をさらにゆっくりとかき回しながら、そこへベリーを入れていく。ベリーのなかでの最高級はガンコウランらしい。その黒ブドウ色の粒がオロンいっぱいになるくらいに入れてかき回しながら砂糖を加える。ちょうどよい粘りが出てきたら、少しずつガラスの容器に移して、台所のひんやりした所に置いてしばらく寝かせる。

表面が落ちついて固まってきたら出来上がりである。モースはデザートだから、食事がだいたい終わってから、「さあ、モースだよ」と声をかけて、ガラスに入った白濁したプリンをテーブルに並べる。これが一番のおもてなしである。

魚の皮のゼラチンだから、多少は生臭いと思ったら、そうではない。上質の自然な味のプリンである。ベリーもガンコウランに赤スグリなどを加えて彩りをすることもあるという――

この料理のユニークなところは、サケの皮からゼラチンを採って、それをデザートとして使う点だ。寒天を使う日本人には、こうした発想はない。アイヌは昔、サケの皮で靴や衣服を作っていたが、その皮をゼラチンとして使っていたのは聞いたことがない。しかし樺太アイヌは使っていたかもしれない。

材料の果実はガンコウランの他にも、イチゴ、キイチゴ、コケモモ、クロマメノキ、ツルコケモモなどを使う。ガンコウランは北海道、本州の高山などでも採れる実で、同じベリー類のブルーベリーに似ている。作り方は各家庭によって若干違うが、中にはチョウザメの浮き袋からゼラチンを作ることもあるという。

私もこれをニブフの人に招かれたとき食べたのだが、「モース」という名だったかどうか、はっきり確認できなかった。ただサケの皮からゼラチンを採ると聞いて、驚いたことしか記憶にない。

食文化についても聞いていたのだが、先に記したように食材をスープにするか、干す、煮る、焼くという極めて単純な料理ばかりであり、現在はロシア料理と混合、またはロシア料理そのものを食べることが多くなっている。

私が招かれたときも、揚げパン（ピロシキ）やボルシチなどのロシア料理も並べられていたが、とにかくこのモースが強烈な印象だった。

私が食べたモースは、見た目は混濁したゼリーになっていて、甘酸っぱくて美味しい。サケの皮から採ったと言われなければ、単にちょっと変わったゼリーくらいにしか思わないだろう。サケの皮から採ったわりには、まったく魚臭さがないからだ。

先の論文では牛乳が入っていて、「プリン」と形容しているし、ガンコウランの実は潰さないで丸のまま入っている。しかし私が食べたものは、果実が入っているのはわかったが、ジャムのように半分潰したもので、丸のままではなかったから、モースのバリエーションだったのかもしれない。

モースについて、最後にこんな笑い話を聞いた。

モースが大好きなニブフの女の子が、近くの家でこれをもらったのだが、自宅でゆっくり食べようと思ってポケットに入れて大事に持って帰ったところ、その途中で体温のためにとけて無くなってしまった。家に帰ってそれがわかると、泣きだしてしまったというのだ。

北方少数民族の子供にとって、それくらいモースはとてもおいしいデザートだったのだろう。しかし日本に帰化した彼らが、このモースを試みた形跡はない。

第四章

# 沖縄の島々

## 神々の住む島

那覇からぐるりと、沖縄本島を反対側に回ったところにある安座真サンサンビーチには、昨日までの台風の影響で、あちこちに倒木や千切れたヤシの葉が積み上げられていた。午前九時を過ぎた頃、レンタカーを駐車場に入れると、コンクリートの階段に座って、海を見ながら船の出港を待っていた。波はもうすでに、穏やかさを取り戻していた。

ここから東へ五キロ、フェリーだと二〇分ほど行った沖合に位置するのが、「神々の住む島」と呼ばれる久高島《くだかじま》だ。

男子禁制のフボー御嶽（ウタキ）と呼ばれる斎場をもち、一二年に一度、イザイホーという女性だけの祭りが行われてきたことで知られている。

ただし現在、このイザイホーは後継者不足などを理由に一九七八年を最後に行われていない。折からの民俗学ブームにより、祭りのときに島外からの観光客で大騒ぎになったのも、取りやめになった一因だろう。本土の人間が、島で昔から行われてきた風葬を暴いたりと、みな好き勝手にやって帰っていったそうだから。

イザイホーやフボー御嶽は、主に民俗学的な観点から本土の学者、芸術家、写真家などを惹きつけてきたが、それ以外にもこの地は、琉球王国にとって重要な意味をもつ島とされてきた。

まさに久高島の歴史は、琉球の歴史でもある。

まず琉球王朝の始祖となった神、アマミキヨが初めて降り立ったのがこの久高島だった。そこから本島へ移って、先住民を次々に征服して、琉球王朝を発足させたと伝えられている。

またその他にもアワや稗《ひえ》、麦などの五穀が初めて琉球にもたらされた地という伝説もある。そのため尚貞五年（一六七三）に廃止されるまで、琉球王は隔年旧暦二月に「麦のミシキョマ（初穂儀礼）」のために、この島をわざわざ訪れていたという。

しかし島は長さ三キロ、幅は広い所でも五〇〇メートルしかない。そのうえサンゴ隆起によってできた石灰岩質の土壌なので、作物の生産量は古来より少なかった。現在は土壌改良により耕作地もあるが、もともと小さな島なのでそれも限られている。

そんな小さな島に、五穀をもたらしたという伝説が残っているのはどこか皮肉な話だが、ここが沖縄本島にもっとも近い渡来地であったこと、また小さい島ゆえに久高島の人々が昔から遠洋漁業や交易をしていたという歴史が関係しているのだろう。

他にも久高島独自の伝説は数多くあり、例えば久高島には異人も住んで帰化していたとか、琉球王国時代は神をその糞で汚したのでブタを飼うこともなかったとされている。もちろん全て昔の話だが、この島が沖縄の中でもかなり特異な歴史をもっているのは確かだ。

## 島差別

沖縄には「島差別」という言葉がある。

一六〇九年の薩摩藩島津氏による琉球征伐の昔から、日本と中国との狭間で琉球王国は翻弄されてきた。現在、日本にある米軍基地の七割が沖縄にある事実は、その一端を示しているだろう。

しかし、この話にはまだ先がある。

沖縄本島もまた、この琉球文化圏の中心であったため、離島を差別してきた歴史をもつ。

例えば太平洋戦争後、アメリカ領土となった本島の中でも離島出身の人々は蔑視され、最低賃金で働かされるなど、さまざまな差別があった。中でも奄美諸島出身者は特に差別され、戦前までは言葉が通じないことなどを理由に沖縄本島では「大島人お断り」の張り紙をする店や借家もあり、本島の人と結婚する際は、奄美に多い一字姓を二字姓に変える島民もいたほどだったという。

つまり「島差別」とは、日本本土と沖縄本島による二つ、もしくは二重の差別のことを意味する。

私がこの事実を知ったのは、以前、石垣島にしばらく滞在する機会があったときだ。もちろん現在では、沖縄本島に本土はもちろん、離島の島々からの移住者が多くなったこともあり、島差別は表立ってはなくなった。

そうした二重の差別、偏見のなかで培ってきた離島の食文化を訪ねたいと、私は常々、思ってきた。

ただし離島の食文化といっても、一概には言えない複雑さをもっている。例えば沖縄周辺の離島でも、奄美大島と南大東島、八重山諸島では「しまくとぅば（島言葉）」と呼ばれる方言をはじめとして、それぞれ文化に違いがある。

久高島は、琉球王朝によって信仰の対象とされてきたので、「島差別」というと違和感があるが、それでも独自の文化をもっている。

久高島の名産、イラブー（ウミヘビ）の文化である。

イラブーは本島でも捕っているが、中でも久高島のイラブーがもっとも有名だ。古くから琉球王朝への貢物として珍重されてきたが、現在は一部の人が好むくらいで、ゲテモノ扱いされている。

この久高島に特徴的なイラブー文化は、久高島のまた違った側面なのではないか。なぜ数ある島々の中で、久高島のイラブーが有名なのだろうか。

## 近くて遠い島

二年ほど前、この久高島を日帰りで訪ねた折に、何軒か民宿があるのに驚いた覚えがある。

本島から近すぎるのと、島にはフボー御嶽以外、特に見るものもないからだ。海水浴場も小さいのが一カ所あるだけで、あとは険しい岩場ばかりだ。本島側のフェリー乗り場にあるビーチの方が、海水浴としては手軽に楽しめる。そのため大抵の観光客は、日帰りで一、二時間だけ島を訪れることが多い。

しかし、民宿があるのは有りがたい。私は島で一泊して、イラブーについていろいろと知りたいと思っていた。

だが、これが意外に難問だった。

特に観光に力を入れていないからか、とにかく軒並み、宿泊拒否なのだ。

久高島には民宿は三軒しかなく、他には林間学校などで使用される体育館のようなNPO法人経営の「久高島交流館」があるだけで、つまり宿泊施設は四軒しかない。前に一度、島を訪ねた際にはこの大きな体育館のような建物を見ていたし、ここは宿泊拒否しないこともわかっていた。

しかし、やはり久高島に泊るからには、ぜひとも民家の一室に客を泊める型式の民宿に泊りたい。そこで予約の電話を入れたのだが、どの宿もオバア（お婆さん）が出て「空室はない」の一点張りだ。

一〇月のシーズンオフでそんなことがあるだろうか。不審に思い、ネットで調べてみると「男性だけだと断られる」、「家族連れはダメ」などいずれも否定的な書き込みが多い。昔からのリピーター以外のほとんどの人が、断られているようだ。

どうしてもなかったら「久高島交流館」に泊れば良いと思い、駄目で元々と、最後の一軒に電話すると、中年の女性が出て「いいですよ」と二つ返事で予約が取れた。

「どうして他の民宿では泊めないのでしょうか」

ついでに女将にそう訊ねると、

「え、そうなんですか。みんなもう高齢だからかなあ」

とぼけているのかよくわからない。とにかく民宿の部屋が一つ確保できたのは良かった。

ところが悪いことは続くもので、久高島に向かおうとしたところ台風が来て、那覇で待機を強いられることになる。この年二〇一四年一〇月は、二度も大きな台風が来て、それが沖縄を直撃したのだ。

軽飛行機なら有視界飛行なので、強風であってもとりあえず雨さえ降らなければ何とか飛ぶ。しかし久高島は飛行機で行くには近すぎるし、小さな島なのでもともと空港がない。さらに船便は早くから波の影響を受けるので、波が高ければすぐに運航を中止してしまうのだ。

仕方ないので台風直撃下、那覇で三泊の待機を強いられた。四日目も運航中止だとさすがに今後の予定もあるので帰京しなければならない。これにはさすがに気を揉んだ。

台風通過後も、まだ波が高くて船が出ないのではと心配したが、とりあえずフェリー乗り場まで直行するためにレンタカーを前日から確保して、当日、早朝に電話すると、今日から出るという。

急遽《きゅうきょ》駆けつけて何とか二便目に乗ることができた。久高島は本島からはたった五キロの距離なのだが、私にとっては何と遠い島だと感じた。

## 久高島を歩く

久高島はほぼ平坦なので、貸し自転車だと一時間もあれば全て回ることができる。住宅地は密集していて、防風林が多く、島の中央にあるフボー御嶽は密林に覆われている。

久高島の特徴は、もはや本島でも失われた「土地の共有」を今でも守っているところだ。自宅以外はほぼ全て、島民の共有地である。これは沖縄の中でもかなり古い慣習で他にはないという。

島に上陸すると、イラブーを捕って燻製にしている六二歳の並里和博さんに話を聞くことができた。

「この島ではね、イラブー捕るのは女だけなんですよ。男は燻製にするだけ」

この話だけで、さすがは男子禁制で知られた島だけのことはあると思った。

女性が主体になる久高島の慣習には、島特有の歴史が関わっている。

もともと耕作地がほとんどない島だったので、昔から男は海に出て漁業・交易をしていたが、このときは平気で八重山くらいまで出る。琉球王朝時代には唐船（中国との交易船）に乗ったり、自らの船で台湾、清（中国）に至る者も少なくなかった。

これくらい遠洋に出るのは、本島では糸満人（イチュマナー）が知られているが、久高島の漁師は例えば奄美地方では「久高人（クダカー）」と呼ばれ、遠洋漁業をする者たちの代名詞となっていたほどだという。この遠洋漁業の文化は、太平洋戦争まで続いていた。

一度出漁すると、男たちは数カ月、長くて数年くらい帰らないことも珍しくなく、中には旅先で出来た子を連れて帰ってくる男もあった。

そのため島を守るのはもっぱら女性となり、これが島で女性が年中行事や祭祀を全て担う経緯の一つになっている。イラブーも島で捕れるので、昔から島の中で生計を立ててきた女性の仕事になったのだ。

## イラブーを捕る

「島には昔から三家だけがイラブーを捕ることを許されていて、それぞれ縄張りみたいなのがあったんですね。それ以外の人で捕りたい人は、他の島まで出かけなくてはならなかった。私は久高ノロの持っていた漁場を担当していますが、これは久高ノロがいま島からいなくなったからです。久高ノロの漁場は、今では島民で管理して、交代で捕っています」

ノロとは「祝女」の意味で、祭祀を司る。イラブーを捕れるのは久高ノロ、外間ノロ、外間根人（ニーチュ）の三家だけに許され、それぞれ捕る海岸も三区分ある。

久高島の人口は現在、二五〇人ほどと激減しており、漁業以外はとくに仕事がないこともあり、働くために島外に出る人が多い。久高ノロも現在、島から離れていないのだという。

ただ、イラブーがもっともよく捕れるのはその久高ノロの漁場で、現在は「イラブーガマ」と呼ばれ、これは観光地図にも掲載されている。外間根人は、久高島の南にある小島を持っており、ここでもイラブーが捕れる。

他の島民は並里さんの言う通り、島でイラブーを捕ることは許されなかったので、旧暦四月頃に丸木舟で出漁し、宮古、八重山、慶良間、トカラ列島、奄美の無人島にまで出かけ、旧暦九月頃になってようやく久高島へ戻ってきたという。

島でイラブーを捕る時期は、旧暦六月二四日から一二月三〇日までと厳格に決められており、これは今も守られている。

「イラブー捕りは、ほぼ毎晩やってます。午後一〇時くらいになってから、オバア二人で捕りに出る。オバアの歳はだいたい七〇から八〇代くらいかな。昔からある年代になってから捕りますね。島の人同士で誰が捕るか決めますが、特に基準とかありませんね。やりたい人がやるっていうか」

イラブーは久高島では「ンナギ」と呼ばれているが、古い記録には「永良部宇奈貴《エラブウナギ》」と記されている。つまり「海ウナギ」という意味だ。

「捕るところはイラブーガマっていうところで、幅二〇〇メートルくらいの砂浜の後ろに岩場がある。夜になると、イラブーが産卵のために砂浜から岩場にまで上がってくるので、そこを手づかみで捕ります。コツは首をつかむこと。頭のすぐ下をつかむ。毒はハブの六倍って言われてます。自分の生まれるずっと昔、嚙《か》まれて死んだって人がいるのは聞いたことがありますが、今はそういう話は聞きませんね」

死者が出たのは昭和一八年のことで、中年女性が嚙まれて死んだ記録が残っている。しかしそれ以来、死者は出ていない。

道端に座って話を聞いていたところ、近くで枯れ木を拾っていたオバアが偶然にも、実際にイラブーを捕っている当人だというので話を訊いた。

「うん、波に乗って陸に上がってくるのを捕まえるんだけど、私は一カ月くらい前に嚙まれたよ。ほれ、ここがまだ腫れてるでしょ」

見せてもらうと、親指の付け根から手首にかけて、スズメバチに刺されたような大きな腫れものができている。

私が驚いて「平気だったんですか」と訊ねると、オバアは「大丈夫だ」と答えた。

「そのときは漁を止めて一晩休んだんだけど、嚙まれたところから、だんだん身体中に痒みが広まってね。娘が本島で看護婦やってるから、とりあえず本島に行って点滴して一泊だけ入院したけど、今は痒みもとれたから平気だね」

　こう聞くと「イラブーの毒はハブの六倍」というのはちょっと大げさかなと思ったのだが、そうではない。

「イラブーは、奥歯に猛毒をもってるのさ。前歯の毒はそこまで強くない。私は前歯で噛まれたから、これくらいで済んだ」

　並里さんも「うん、噛まれることは時々あるんですけど、さっと手を引いたら問題ないです。奥歯までガッと噛まれたらダメです」と言う。

だいたい一晩で一〇匹から三〇匹、少ない時で五、六匹捕れる。昔は多い時で一晩五〇匹くらい捕れたというが、テトラポッドが港の入口を塞ぐようになってからは、少なくなった。

「捕るときは、上靴はいて、滑らないようにしてね。懐中電灯もって行くんだけど、ずっと灯りが点いてると逃げるから、真っ暗闇の中で気配を感じた時だけ懐中電灯つけてパッと掴む。首をしっかり掴んだら、シッポも持って袋に入れる。小さいのは逃がしてあげて、大きいのを捕るのさ」

　オバアがそう言うので、私が「真っ暗闇の中で、どうやって見つけるんですか」と訊

ねると、

「サラサラーッて、波から上がってくる音がするんだよ。波の音とはまた違うから、すぐにわかるよ」

それにしても、漁期が半年と長いし、毎晩それだけのイラブーを捕って、乱獲にはならないのだろうか。

「うーん、それはない。すごく捕れる年というのはあるけど、少ないって年はない。だいたい年間を通して同じくらい捕れるね」

「そういえば、手摑みですもんね。乱獲にはなりようもないか」

捕獲を免れたイラブーは、岩場で卵を産むと海へ帰る。卵からかえったイラブーは海に戻り、熱帯魚を主食にして育つ。肺呼吸なので、時々、海面から顔を出しているという。

また浜辺に近づいたとき、大きな波に打ち上げられたりして、たまに島の畑で見つかることがあるが、このときは海に逃がしてやるという。

私が訪ねたときは、七〇匹くらいが小屋の外にある網カゴに入れて保管されていた。確かに見た目はヘビそのものだが、陸のヘビと違うところは、丸い頭をしているので、よく見ないとシッポと頭の区別がつかないことだ。黒をベースにして、水色の縞模様が入っている。まとめてカゴに入れられているので、素人目には分からないが、燻製にするイラブーには大きく分けて二種類ある。

一つは、私が見た「アオマダラウミヘビ」で、体長は七〇センチから二〇〇センチくらいある。久高島では「マダラー」と呼ばれている。

二つ目は「エラブウミヘビ」で、体長はやや小さくて七〇センチから一三〇センチくらい。背中は青色、または灰青色で、黒色の縞模様が入っている。

二種類とも毒性が強いことで知られているが、エラブウミヘビはコブラ類と近縁で、さらに猛毒をもつと言われている。

## イラブーの燻製作業

ここからは、バイカンヤー（燻製所）を担当する、並里さんの仕事だ。

「イラブーは一カ月くらい何も食べなくても生きてるくらい、強い生命力をもってる。大体一カ月くらい待って、一三〇匹から一五〇匹くらい捕れたら、まとめて燻製にします」

燻製になったイラブー

作業は単純だが、非常に手間と時間がかかる。

まずイラブーの頭を工具などで潰してから、大ガマで四、五分茹《ゆ》でる。茹であがったらタワシでウロコを落とし、再び大ガマに戻して茹で直す。それから一匹ずつ糞を絞り出して、小さいものはバイカンヤーの中にある棚に巻いて置き、大物は伸ばした状態で吊るす。

「燻製は、去年は多く捕れたので八回やったけど、平均は五、六回だね。燻製方法は内緒だね」

これは門外不出で、代々口承で伝えられてきた燻製法だという。

少しだけコツを教えてもらったところ、

どうも薪に秘密があるようで、普通の薪の他にモンパノキの葉や、アダンの実を加える。こうするとより燃えにくくなり、煙がよく出るようになるのだという。

「燻製は七日間かけてするけど、この間は火が消えないか、強すぎないか、とっても神経使うね。一日二回見に行って調整するんだけど、だいたい三日で火が消えてしまうから、三回くらい火入れする。燻製ができたら、タワシで磨いて煤を落として出来上がりです」

## イラブー料理の作り方

ここまでが燻製にする工程で、これを料理に使うとなると、さらに手間と時間がかかる。何しろ中までカチカチになっているので、柔らかくすること自体、時間がかかる。

もっとも一般的な「イラブー汁」の作り方は、まずイラブーの燻製を水に浸けるところから始まる。それから酢と小麦を混ぜたものをイラブーに付けて、タワシでこすって煤をとる。

煮やすいよう、適当な大きさに切るのだが、包丁で切らずに手で折る人もいる。その方が早く炊けるからだという。また、切らずに丸のまま煮る人もいる。

イラブー汁

それから鍋に入れ、一度水から沸騰させたら湯を捨て、再び水を足して二時間ほど煮る。この煮汁はまた使うので取っておく。

取り出したイラブーの頭とシッポを切って、食べやすい大きさに輪切りにして、再び二、三時間煮て一晩おく。その間、出てきたアクは小まめに取る。これを二、三回繰り返すのだ。

つまり、食べられる状態にするまで二、三日かかることになる。早く食べたい場合は、八時間ほど煮続ける。ガス代が馬鹿にならないので、島では今でもカマドで炊いている人もいるという。

その一方で同時に、沖縄で一般的なダシも作るのだが、これもまた本格的にやろうと思うと手間がかかる。ソーキ（豚のアバラ肉）やテビチ（豚足）、昆布、ダイコンなどの野菜を煮込んでダシを作っておくのだが、イラブーの他にもこのダシが要るのだから、まさに一日仕事になる。

それから両方の煮汁と、先に取っておいた汁も合わせて、塩で味付けすると、ようやくイラブー汁の出来上がりとなる。コツは最初に煤をよく取っておくことと、アクを小まめに取ることだ。

とにかく料理するには手間ヒマがかかるので、土産物屋などでは手軽に調理できるよう、粉末にしたものを売っている。これはそのまま飲んでもいいし、ダシにしたりする。並里さんは「野菜炒めに入れると旨い」と言っていたが、確かに鰹節にちかい味がする。

## イラブーの味

久高島では、二軒の食堂がイラブー料理を出している。

まず「さばに」という食堂では、麺にイラブーの粉を練り込んだ「イラブー練り込みソバ」（一六〇〇円）を出している。

出てきたのは、少し黒っぽい麺に、豚と昆布でとったダシの沖縄そばだ。上にイラブ

イラブーそば

ーの燻製を輪切りにして煮た物がのっている。

その味だが、何とも形容しがたい。へビというのは基本的に、皮の下は細いアバラ骨で覆われているので、カルシウムの味が強い。強引に例えると、メザシのような小さな干し魚の味に似ている。ただし風味は独特で、今まで食べたことがない。これはまさにイラブーだけの風味だろう。

私は以前、東京上野にあるへビ専門店で、ハブのハンバーグと生肝を食べたことがある。これは生きたままのハブを、その場でミンチにして食べる。味は何のクセもなく、旨くも不味くもない。どちらかというとイワシのハンバーグにちかい味だ。

それに比べてイラブーは、かなりクセがあると感じた。

これは燻製にしているからかもしれない。普通、燻製にすると香りがついて食べにくい食材も美味しくなるはずなのだが、とにかく独特の風味だ。まず頭に「ウミヘビ」という偏見が入っているので、そのせいで独特の風味だと感じるのかもしれない。

偶然にも、このイラブーの煮物には、産卵前の卵が入っていた。並里さんが、「イラブーの卵は旨い」と言っていたことを思い出す。

「卵は、普通の卵を細長くした感じ。保管している間に、一匹で何個も産む。これは茹でてから塩をつけて食べるんだけど、旨いよ。これはさすがに売ってないから、島の人しか食べられない珍味だね」

「例えると、どんな味ですか」

「うーん……、難しいね。なんていうか、チーズみたいな感じかな。味が濃すぎて、一日に一個しか食べれない。島の人で欲しいっていう人がいたらあげるけど、それを半燻製にして食べる人もいるね。オーブンで少し炙ったりね」

期せずして、その卵（産卵直前のだが）を食べることができたのだが、チーズというよりも、ピータンに似て濃厚な味だ。確かに一つ食べれば、充分だ。ピータンを二つも三つも食べる人がそういないのと同じようなものだろう。後で並里さんにそう言うと「ピータンて何だ、食べたことない」と言う。

しかし、観光客や普通の人では食べられない、イラブーの卵を食べられたのは、本当に嬉しかった。

つづいて「とくじん」という食堂で、伝統的なイラブー汁を食べたが、これはなかなか旨かった。ソーキと巻いた昆布も入っているので、やはりこうした伝統料理の方が味は良いようだ。

「イラブーは、島の人でも年に一回くらいしか食べません。島でも若い女の人は全く食べないけど、年寄りは好きですね。だいたい親戚が集まったときに出すような特別な料理なんです。イラブー自体が高いですから、そんなに頻繁に食べれないんですよ。あと久高によく来るお客さんで、毎回イラブー汁を食べる人もいますが、島のオバアは『そんなに食べるとかえって高血圧になって体に悪い』って言ってます」

食堂のおばさんはそう話してくれた。実はここで出しているイラブー汁は、燻製を作っている並里さんの手料理だ。それを冷凍にして食堂に卸しているのだと、事前に教えてもらっていた。

しかし私は、昼にイラブーソバ、夜にイラブー汁と、昼夜ともイラブーを食べたからか、ゲップにまでイラブーが出てきて、これには本当に参った。台風のためにスケジュールが詰まってしまったのでそうなったのだが、まったくひどい目に遭った。

## 遠くて近い島・粟国島

那覇から北西約六〇キロの沖合に浮かぶ粟国島《あぐにじま》を結ぶのは、日本国内最小の旅客機「BN2アイランダー」だ。

飛行時間は約二〇分。大阪に本社がある第一航空の運営で、一日四便ほどが飛んでいる。

パイロットを除けば定員は九名だが、そのうちの一人は副操縦席に座ることができる。ただし小さな機体だから、バランスを考えて乗客の体重で席は決められるので、体の大きな私は、残念ながらパイロットの後ろの座席であった。逆に体の小さな子供もイタズラをすると危ないので、やはり副操縦席には座れない。

どの席でもよく揺れる。プロペラの音がうるさいので、私はウォークマンのイヤホンを耳に詰めた。久高島に比べると本島からざっと一二倍の距離になるが、この飛行機便のおかげで、久高島より〝遠くて近い島〟だといえる。

粟国空港に着くと、民宿「風月」の女将さんが迎えに来てくれていた。軽自動車に乗ると、狭い道路に潮の香りがして、離島に来たんだなという実感がわく。

空港から五分ほどで民宿に着くと、私は荷物を置いて、すぐに赤嶺真知子さんに電話した。事前に今日の飛行機で行くことを伝えてあったので、明日、迎えに来てくれることになった。

一九五六年生まれの赤嶺さんの家では代々、ソテツ味噌を作ってきた。数年前まで実母の新里チエ子さんが作り、島の特産品として売り出していたが、高齢になったので、今は娘の赤嶺真知子さんに引き継がれている。

## ソテツ地獄

かつて沖縄には、太平洋戦争が終結するまで「ソテツ地獄」という言葉が残っていた。当時、沖縄地方では人口の七割が農業で暮していたが、台風や旱魃《かんばつ》などで飢饉が起こると米が食べられず、芋さえも口にできなくなった。

そこで多くの人々が野生のソテツを食糧にした。しかし、ソテツにはサイカシンという毒があるので、水にさらすなどして解毒してから調理しなければならない。ところが極度の飢饉に陥ると、この毒抜きを充分にしないまま食べる人も出てきた。そうした人は中毒を起こし、中には死亡者まで出た。

これが「ソテツ地獄」と呼ばれ、特に大正から昭和にかけて起こった世界恐慌のときは極度の不況が沖縄にも及び、農家では身売りが相次ぎ、さらには海外への移民や、本土への出稼ぎ者が多くなるきっかけともなった。

このときは「ソテツ世」とも呼ばれたという。「餓死の世」という意味だ。

これは本島だけの事情ではなく、例えば八重山諸島にある石垣島でも、飢饉のときは「ソテツ地獄」に陥ったという記録が残されている。

今でもソテツを食文化として残しているのは、奄美の一部と、粟国島くらいしかない。

私はソテツの食文化が、本土から差別されてきた奄美に残っていること、また沖縄本島の支配下にあった粟国島に残されていることは、琉球地方における「島」を考える上で、非常に象徴的なことではないかと考えた。

少なくとも主食としては、米を頂点として、ソテツは最下位に置かれている。本土はもちろん、沖縄本島からも見下されてきたのは間違いない。

それで事前に調べてみると、奄美ではもうほとんど食べられていないという。路地(同和地区)の中でも田舎に行くと、「差別されるから」とその独特の食文化を意図的に捨ててきた所があるが、食糧事情が改善したからという現状がもちろんあるとはいえ、奄美がそのソテツ食文化を失いつつあるというのは、どこか象徴的でもある。

しかし粟国島は日本で唯一、今でも「ソテツ味噌」を島の特産品として売り出しており、現在も食べている家があるという。

この点から、かつての粟国島への蔑視が、奄美に比べて緩やかだったのではないかと感じたのだが、それはただの私の穿った見方なのだろうか。しかし、なぜソテツ食の文化が、多くの島々の中で粟国島だけに根付き、ソテツ味噌が島の特産品になるまでに昇華されたのだろうか。

### 粟国島を歩く

粟国島にはタクシーがない。周囲一二キロしかないから当然だが、島を回るには観光協会で電気自動車、電動自転車を貸している。これらは最近始まった事業で、島は岬に向かって坂がきつくなるため、電動自転車になったそうだ。

自転車を借りて島を横断してみると、一五分くらいで岬に着いてしまう。市街地は平坦だが、見晴らしの良い島の突端「マハナ」と呼ばれる景観地に行くには急な坂道を登らなければならないので、電動自転車でちょうど良かった。

途中、水飲み場があったので飲もうとすると、赤茶けた水が出て、しかも奇妙な味だったので口に含んだだけで飲まなかった。

この島は戦後まで、飲料水の確保に苦労した歴史をもつ。海辺の泉に湧く若干の水か、雨水を溜めるしか方法がなかった。

そのため昔は、大きな家の前には必ず石灰岩をくりぬいた「トゥージ」と呼ばれる水を溜める石桶があったほどで、これは現在、村役場の前でも展示されている。現在は溜池からの蒸留水と、海水を淡水化したものが上水として引かれているので、飲料水の確保の問題はなくなった。

全体的にはサンゴ礁に囲まれた島だが、もともとは火山爆発によってできた土地に、サンゴ礁が隆起したものが覆いかぶさって島になっている。

石積みをして塀を作っている家があるが、その石はやはりサンゴ由来の石灰岩だ。ここに人が住み始めたのは、考古学的には比較的最近、二〇〇〇年ほど前だったと推定されている。

島は狭いようでいて、実際には東、西、浜と三つの集落に分かれている。それぞれ住民たちは自分たちの区域を守って住んでいるが、最近は島外から結婚して移住してくる人も少なくないので、この慣習も今はやや緩やかになっている。住民は四五四世帯、約七六〇人ほどだ。

一九九九年に公開された『ナビィの恋』は、粟国島を舞台にした映画だが、これがヒットしたため一時、観光客が増えたことがあった。しかし本島からは軽飛行機以外では、フェリーが一日一本しか出ていないので、現在、シーズン以外は観光客もそう多くない静かな島だ。島外から通年来る人はダイバーか工事関係者が多いようで、私が泊った民宿でも、同宿していた人は、ほとんどが工事関係者だった。

## ソテツの実

島の名産「ソテツ味噌」の作り手である赤嶺真知子さんの好意で、まずはソテツ採りから体験することになった。

島では、いたる所にソテツが生えている。ソテツは、その実はもちろん茎までも食べることができるが、茎はさすがに今ではほとんど食べられていない。ソテツには雄と雌があるのだが、主に使うのは雌が持っているオレンジ色の実の方だ。

「えーと、あんまり人のいない所で採りましょうかね」

赤嶺さんが島民に遠慮してそう言うのは、昔からソテツは個人の所有になっており、特にソテツ山と呼ばれたところでは、それぞれ誰のものか決められていたからだ。

「昔はどのソテツにも所有者が決められてたので、勝手に採ると罰金だったんですよ。今じゃ誰も採らないけど」

そう言って赤嶺さんは笑った。

ソテツの実は旧暦九月頃に熟成するので、昔は毎年この時期になると各区長が秘密裏に収穫日を決めていた。それまでに勝手に採ると罰せられた。収穫の日がくると銅鑼《どら》が鳴らされ、村人たちは一斉にソテツの実を採っていたという。

この慣習は昭和一七年（一九四二）まで続いたが、収穫日を当日まで秘密にしておくと不都合が多くなってきたので、廃止された。しかし古くからの歴史があるので、赤嶺さんもソテツの実を採るときは今でも慎重なのだ。

旧暦九月だから、現在ではだいたい一〇月頃から翌年一月頃まで収穫し、一月から三

ソテツの雌から実を採る

月くらいまでに食べてしまうが、昔は飢饉用に、さらに大量に採って保存していた。

だからこの時期がくると大忙しで、毎日のように精製作業をしていた。この作業は女の仕事と決まっていて、男は時々、手伝うくらいだ。

もともと粟国島の名産は、その名の通りアワであった。これが琉球王朝への貢物として知られていたので、粟島から転じて「粟国島」と呼ばれるようになった。

その後、琉球王朝の政治家であった蔡温《さいおん》の指導によって、飢饉の備えとして一七三四年にソテツ栽培が奨励されるようになる。この頃から粟国島の人々は盛んにソテツを常食するようになり、そのまま島の食文化

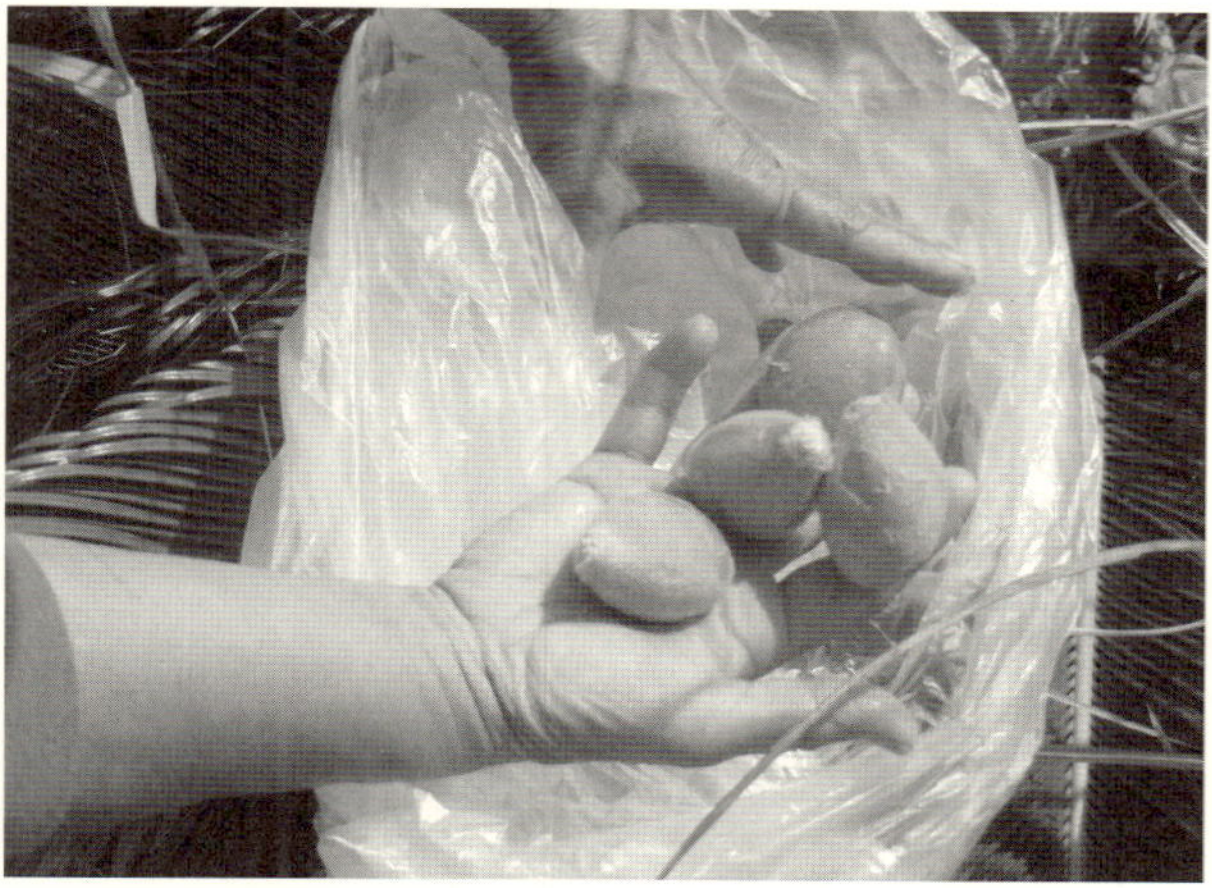

採れた実はオレンジ色で美しい

となったのだ。

しかし、この食文化は近辺の島々でも珍しく、飢饉のときには他の島から粟国島まで、ソテツをもらいに来たほどだった。蔡温時代にソテツ栽培が始められた頃には、「一人あたり三〇本」と決められていたという言い伝えもあるほど、当時は貴重な穀物の一つだった。

イモが中国から伝来すると、もっぱらイモが島民たちの主食に取って代わったが、それでもソテツは、飢饉のときでも採れる貴重な炭水化物であることに変わりはなかった。

前に記したように、ソテツには雄雌がある。雄の花はトンガリ帽子のような形をしているが、雌は花が開いたようになっているので、区別は素人でもできる。雄も食べられるが、これは木を倒すようにして伐採して処理する。雌は実と茎だけが食用になる。私が訪れた時期は、幸いにも実が熟している時期だった。

実はオレンジ色をしていて、白玉くらいの大きさなので、茶色いドングリなどに比べると果実のようで食用向けに見える。とても毒があるようには見えないので、知らない人だと下処理をおろそかにして中毒を起こすということもあり得るなと思った。実際に飼っていた牛が間違って食べてしまい、腰を抜かしたようになったこともあったという。

ポリ袋一杯に実を採ると、赤嶺さんの自宅に戻った。

採ったばかりの実は産毛に覆われているが、これは芝生の上で転がすと簡単に取れる。先に地面に落ちていた実を見たときは産毛がなかったので「落ちた実は拾わないんですか」と訊ねると、

「落ちた実はネズミが齧っているんです。だからタンナー（ソテツ）から直接とらないとダメなんですよ」

私が芝生の上で実を転がして次々に産毛を落としていると、赤嶺さんが実を割るための専用道具を持ってきた。

といっても簡単なもので、中央に窪みがある細長い木の台に実を固定して、上からナタで実を半分に割るだけだ。

しかし、これが中々きれいに割れない。

「こうしてね、実のとんがったところを上にして、刃を振りおろして切れ目を入れてから、もう一度振りおろして割るんですよ」

そう教えてもらったのだが、まず一太刀が正確に当たらないので、中々きれいに二つに割れない。どうしても左右どちらかに片寄って割れてしまう。いくつかやっているうちにコツをつかんだが、きれいに二つに割らないと、オレンジ色の皮を取るときに面倒になるのだ。皮を取ると、中の種子は真っ白だ。これをまずは天日干しして、乾燥させる。

## ソテツ味噌の作り方

ここからは、技術的には難しくはないものの、かなり根気のいる作業となる。

天日干しして完全に実が乾燥したら、取れなかった皮も簡単に取れるので、中の白い種子だけを三日間、水に浸ける。三日目に水を入れ代えて、これを三回くらい繰り返す。

つまりあく抜きに約一週間から九日間かかることになる。常食にしていた頃は、量も多いので、この作業だけで一カ月近くかかっていたという。

それからまた天日干しで乾燥させる。

カラカラになったらタンナーウーシ（ソテツ用のウス）に入れて杵でつき、粉にしたらとりあえず原料の完成である。ようはタンナーのデンプン質だけを抽出しているのだ。肝心なのは水によく浸けて、必ず水を取りかえるだけだから、簡単といえば簡単だが、とにかく他の雑穀に比べると格段に手間がかかる。

この精製したタンナーの粉は、お粥にしたりと、いろんな料理に使える。

根や茎を処理するときは、さらに発酵させて毒抜きをしてから食用に使う。またタンナーの葉は家を掃くときのホウキにしたり、肥料や薪代わりにもなるので、かつて「タンナーは捨てるところがない」と言われていた。

味噌にするときは、ここに麹や塩などを加えて発酵させる。

今は米が手に入るようになったので、米と麹を混ぜて、素焼きの甕に入れて二年くらい発酵させる。一年目くらいから味噌として食べられるが、やはり二年以上発酵させた方が良い物ができるという。

割った実から白い種子を取り出し、乾燥後、水にさらし毒抜きする

現在は自家消費用と、あとは島の名産として商品にするだけだから、漬けておく甕は七、八個くらいが常備されていて、密閉したフタの上には漬けた日付を記してあった。昔は各家庭に、ソテツ味噌を仕込んだ甕がいくつも常備されていたという。

スーパーなどで売っている普通の味噌は発酵期間が短いので安いが、旨くないし日持ちもしない。ちゃんと手間ひまかけた味噌は冷蔵庫に入れれば何年ももつ。ソテツ味噌もきちんと発酵させているので、何年も保存が効く。見た目は八丁味噌のように濃い茶色だ。

とりあえず味噌汁にして食べてみたが、なかなか地味（土地の味）がある。

今まで体験したことのないタンナー独特の風味だ。ちょっと抵抗がある人は、他の味噌と合わせて使うといいだろう。自宅に持ち帰った私も現在、合わせ味噌にして使っている。ほのかにタンナーの風味があって、これだと慣れていない人でも美味しく食べられる。実際、非常に旨い。

またタンナーの粉は常温保存できるが、決して麴菌の上には置いてはならないという。麴菌の上に置くと、気候が暖かいので、自然発酵して熱を持ってしまう。熱を持つとまた毒が出るから食べるなという言い伝えがあるのだ。また湿気を含んでも毒が出るから、食べるなと年寄りから教えられてきたという。

「どうして発酵したら毒が出るのか、わからないから調べて欲しいんですけどね」

赤嶺さんもそう不審がる。一度水にさらして毒抜きしてあるから、私も大丈夫だと思う。おそらく発酵というよりも、単に湿気を含んで腐ってしまうだけなのではないかと思った。小麦でも何でも、湿気を含むと痛んでしまうからだ。

タンナー料理の中でも、「ソテツ味噌」だけは商品化されているので、地元の土産物店か通販で、一つ七〇〇円ほどで買うことができる。ここまで手間ひまをかけたものだけに、この値段ではとても採算は合わないだろう。つまり儲けようとして作っているわけではない。

最近は「塩ブーム」で、粟国島でも海水からとった塩を名産として売っていて、そちらの方が手軽なので人気があるが、天然塩は沖縄各地で売られているのでべつに珍しくない。

しかしこの「ソテツ味噌」は、まさに粟国島の精神そのものであり、宝でもある。

## タンナー料理

ソテツ味噌は旨いが、タンナー料理はほぼ絶滅に近い。島の食堂でも食べられない。

私が泊った宿の三〇代の女将も「年寄りが食べたのを見たことがあるだけで、気持ち悪くて食べたことがない」と言っていた。今の四〇代以上はかろうじて食べた体験があるが、それ以下の世代は食べた人がほとんどいない。

赤嶺さんの好意で、親戚の八三歳のオバアの家で、タンナー料理を食べさせてもらうことになった。

「昔は毎日、食べてましたね。イモが入ってきてからはイモが常食になったけど、それでもタンナーは食べてました。台風がくると作物が全部ダメになるし、タンナーもダメになるから、常に精製して粉にしたものを蓄えておきました。タンナーの山を持ってる人は沢山とって保存してあるから、無くなったときは分けてもらったりね。戦争中は那覇から五〇〇〇人くらい疎開してきたから、その人たちにもタンナーを分けてあげてました。近くの渡嘉敷島からも、飢饉のときは買いにきてたから、渡嘉敷には『粟国に足を向けて寝るな』という言葉が残っているそうですよ」

現在、粟国島では米が常食だが、これは全て沖縄本島から運んできている。

粟国島は石灰岩で覆われた島で、気候も乾燥しているので、昔は特に、夏から秋にかけては野菜を作ることもできなかった。また、過去に二回ほどタンカーが座礁したことがあり、その影響で貝も採れなくなった。そのためタンナーを大事にする文化が今まで残ったのだという。しかし現在、粟国島では「タンナー山」も、山火事や土地改良で、昔に比べるとほとんど無くなってしまったという。

オバアも高齢になったので、今は赤嶺さんからもらったときに食べるくらいだそうだ。年寄りの中では特にタンナーが大好き、という人もいる。

オバアが作ってくれたのは、「タンナー・ジューシー」と「タンナー・ハムン」だ。ジューシーとは、沖縄では「炊き込みご飯」のことだ。しかしタンナーは粉末なので、

タンナー・ハムン（左）とタンナー・ジューシー。上は油味噌

どちらかというとオジヤのようになる。大根の葉を入れて煮たもので、これは旨い。思わずお代わりしたほどだ。ホウレンソウを入れると、もっと旨いという。

赤嶺さんが風味付けにトウガラシを刻んだものを少し入れていたので、私も真似すると「そんなに入れたら辛くて食べれないよッ」と注意された。

確かに沖縄のトウガラシは激辛なので、少しだけ入れた方が旨い。後でトウガラシをちぎった手で目をこすってしまい、ヒリヒリと痛んで、これには困った。

タンナーの風味だけを味わうなら、タンナー・ハムンがもっとも良い。

ハムンは「餅」、「ご飯」という意味で、

タンナーの粉末を溶いて作った餅のような料理だ。ソバ粉で作ったソバガキに近い。しかし赤嶺さんもオバアもソバガキを知らなかったので、「本土の信州辺りでは、ソバの実をこうやって食べますよ」と言うと、感心していた。

早速、このタンナー・ハムンを食べてみたが、まったくの無味無臭である。ただし私はオカズ好きで、炭水化物はあまり好きではないから、味や風味がよくわかっていない可能性がある。そこでさらに注意して食べてみると、ほんのり甘くて、タンナー独特の風味があることに気が付いた。

しかし、この風味の形容はたいへんに難しい。タンナーにしかない風味だから当たり前だ。決して嫌な風味ではなく、非常に素朴な香りと味だ。先に「無味無臭」と感じたが、これは香りの強いソバガキと比べたからだと思う。

白飯と同じように食べるので、ハムンにはオカズが要る。

ここではソテツ味噌で作ったアンダンスー（油味噌）などを付け合わせで出してもらった。油味噌とは、簡単にいえば味噌をラードで炒めたものだ。これを付けると、いくらでもタンナー・ハムンが食べられる。

「タンナーを料理にするときも、コツがいるんです。まずお湯に少しずつ入れないとダメです。すぐに固まってしまうので、料理しているときはそばを離れず、少しずつ入れてよくかき混ぜるのがコツです。だけど慣れてない人だと、必ずダマができてしまって、滑らかに仕上がらないんですよ」

また砂糖を加えて、蒸しパンにしても美味しいという。確かにそれは旨そうだ。

その全てが手作業という手間ひま、そしてコツのいる料理法を伺っていると、確かに豊かになった今、タンナー料理が廃れるのも仕方がないのかもしれない。

しかし、このタンナー文化が無くなりつつあるのは、本当に惜しい。とくに日本でソテツの食文化をもっているのは、もはや奄美の一部と、この粟国島だけなのだ。部外者の勝手な言い分であることは承知だが、粟国島はもっと島の食文化、特産品としてタンナー料理を誇るべきではないかと思った。

厄介なのは「ソテツには毒がある」という偏見だ。確かにタンナーには毒があるが、毒抜きをする文化も同時にあるのだ。

毒をもつ食べ物など、タンナー以外にも沢山ある。

フグやオコゼにも毒はあるし、植物ではジャガイモの芽のソラニン、生の青梅には青酸系、白インゲンのレクチンなどがあり、銀杏も大量に食べると中毒を起こす。いずれも取り除いたり、加熱などすることで中毒を防ぐが、つまりはタンナーも手間はかかるが同じことなのだ。

特に残念なのは、島の若い世代が食べていないことだ。

食糧事情が改善した現在、常食にする必要はないにしろ、タンナー文化は、もはや沖縄本島付近ではこの島にしかない。子供たちにも体験させたりと、継承した方が島の教育としても良いと思うのだが……。

赤嶺さんもこう語る。

「一度、タンナーの栄養を調査してもらったことがあるんですけど、デンプン質の他にも、鉄分とカルシウムが豊富だそうです。島では『タンナーは長生きの秘訣』と言われてきましたからね」

「本島や他の島では、『ソテツ地獄』という言葉が残っています」

そんな話を私がすると、赤嶺さんもオバアも絶句していた。そんな言葉は、聞いたことがないという。

粟国島の人で、ソテツ中毒を起こした人が一人もいないのだから当然だ。

私は思った。この「ソテツ地獄」という言葉自体が、島差別の一端なのではないだろうか。

三〇〇年近くにわたって、毎日のように島で食べられてきたソテツに目を向けず、飢餓に陥ったときにだけ食べて中毒を起こすのは当たり前だ。戦時中は南方やグアムでも、飢餓に陥った日本兵たちがソテツ中毒を起こしたことが知られているが、兵士たちの中に粟国島出身の人がいたら、そうした事故も未然に防げたかもしれない。太平洋戦争が終わったことを知らず、グアムに二八年間こもっていた横井庄一も、ソテツの粉を精製して常食にしていた。

オバアに礼を言って、赤嶺さんに車で民宿まで送ってもらう途中、彼女は笑いながらこう言った。

「食っていうのは、命そのものでしょう。だからタンナーも大事にしたいと思ってるんです」

このような素晴らしい食文化が粟国島に残っていることに私は感動を覚えながら、空港へと向かった。

# 第五章　焼　肉——在日と路地



## ステーキ派と焼肉派

私は、路地にある食肉卸業者の家の三男として育った。

そのため幼い頃から、和牛のフィレ（大阪ではヘレ）やロースの塊が自宅の冷蔵庫に常備してあり、料理が好きだった私はそれを好きにカットしてステーキにして食べていた。現在は東京に住んでいるので豚肉が多くなったが、いま思うと贅沢だったたと思う。

肉好きは大きく「ステーキ派」と「焼肉派」に分かれるが、私は牛肉、中でもフィレとロースの食べ方としては、長年の経験からステーキがもっとも適していると思っている。理由は、薄切り肉よりも厚切り肉の方が、肉本来の味を楽しめるからだ。ステーキはなにより、肉汁を封じ込める。

もう一つの「焼肉」は、肉質はもちろんのこと、タレの味がものを言う。炭火かどうかも問題だが、それよりもタレの味の方が重要だ。焼肉発祥の地として知られる大阪では、肉質と価格を基本として、それに加えタレの味で店が繁盛するかどうかが決まる。

だから初めて東京の焼肉屋に入ったとき、タレを醤油差しに入れて、ポンとテーブルに置いたままだったのにまず驚いたものだ。大阪ではタレはもっとも重要で生ものだから、客が来るまで、または店が開店するまでは冷蔵庫に入れてある。タレをテーブルに置きっぱなし、ということはないし、そうした店はタレを蔑《ないがし》ろにしていると見なされる。

また東京には、手軽で安価なステーキ店が多いが、大阪では焼肉が主体で、安価なステーキ店はほとんど見ない。この東西の違いは、どこからきているのか。

まず、ステーキが西洋料理（洋食屋系）からきているのは間違いない。

では焼肉（精肉とホルモン）は、どういう経緯をへてきたのか。ここでは焼肉はもちろん、その代名詞となっているホルモン焼きを中心にして、そのルーツを辿ってみたい。

## 韓国人とホルモン

一五年ほど前、私は韓国の白丁《ペクチョン》を取材するため計一年ほど韓国に滞在したことがある。あるとき、慶尚南道の馬山という町で屠場長をしていた鄭《テイ》さんに誘われて一軒の食堂に入った。

白丁とは日本の路地のような存在で、昔から屠殺を生業としてきた人々のことだ。食肉処理と皮なめしをよくしたので、日本では「穢多」にあたる。李氏朝鮮時代、朝鮮半島では儒教を重んじ、仏教を弾圧したので、白丁の住むところにはほぼ必ず寺がある。日本と違って、韓国では現在、白丁のことを「白丁の子孫」と呼んでいる。

これは、白丁などもういないし差別もなくなった、白丁は歴史的遺物だという認識でそう呼ぶのだが、では白丁をルーツにもつ人と結婚するかといえば「絶対にしない」、「する奴はバカだ」という言葉が若者の間からも出てくる。さすがにソウルでそんなことを言う人は少なく、目につかないが、地方に行けば行くほど、そうした言葉が平気で出てくる。

韓国ではほとんどの人が捏造《ねつぞう》された系譜（家系図）をもっており、白丁をルーツに持つかどうか、現在ではわかりにくくなっているとはいえ、地方に行くと集まって住んでいる所もまだあるし、結婚差別も根強い。

伝統的に白丁は食肉産業に関わってきたが、一九八八年のソウル五輪を境とする高度経済成長をきっかけにして、食肉産業への一般の参入が非常に多くなった。そのため今度は、白丁のイメージが強い食肉産業に就いている人が差別の対象となり、事態は混沌とした状態にある。

鄭さんは白丁出身ではないが、白丁出身の夫人と結婚したのを機に、食肉事業に参入した。食肉店は夫人が経営し、自身は屠場などの役員を歴任してきた実力者だ。

非常に親切な人で、私をいろんな屠場に連れて行ってくれた。今回、思い出して連絡をとってみたら、残念なことに亡くなっていた。彼とはいろんな思い出があるが、その一つがこれから紹介する食堂だった。

食堂のテーブルには七輪を置くための穴が開いていたので、私は「日本風の焼肉屋だろう」と軽く考えていた。

取材当時、韓国の焼肉は日本のとは違い、だいたい鉄板の上で焼いていた。私は韓国の焼肉ではテジカルビ（豚カルビ）が好物なのだが、これも鉄板で焼く。炭火やガスで網焼きするのは、ほとんど見たことがない。ただし、現在は韓国料理も多様化していて、七輪の上で網焼きする店もでてきている。

ここでは七輪を置くものの、韓国の伝統通り、網ではなく鉄板を上に乗せていた。昼間だったからか、客は他にはいなかった。

「上原さん、今日は珍しいものを食べさせてあげますよ」

鄭さんは笑いながら私にそう言うので、何だろうと私は楽しみにしていた。そして出てきたのは、牛の内臓であった。

ここはホルモン焼きの専門店だったのだ。

韓国の焼肉は、日本と違って注文できる部位が各店で限られており、例えばサムギョプサル（豚バラの塩焼き）なら、サムギョプサルの専門店で食べる。そこで牛肉を出すこともあるが、バリエーションとしてせいぜい二、三種類ほどしかない。あとはどれだけ副菜の小皿が多いか、それが美味しいかが店の決め手となる。

私はそれまで、

「牛や豚を食べるタブーがなかった韓国人は、日本人と違って、肉をおいしく食べる方法をよく知っている。そのため日本の焼肉も、韓国から日本に来た人が作りあげたものだ」

という説を何となく信じていた。しかし実際に韓国に来ると、一軒の店でのメニューとバリエーションの少なさ、専門店化に驚いた。つまり日本の焼肉とは、全く別物だったのだ。

屠場を取材したときも、屠場長はこう嘆いていた。

「韓国人は日本と違って、豚ならバラ肉しか食べないんです。だからモモとかの部位が残るので、これらはハムとかソーセージに加工してしまいます」

確かに豚だけでなく、牛もロースなど限られた部位しか食べないし、何よりホルモン焼きがない。

唯一、ソウル一の肉市場である馬場洞《マジャンドン》では、牛のセンマイ、レバーなどを刺身で食べさせてくれるし、ホルモン焼きもあるが、他の地域ではまったく見ない。私はてっきり「韓国人は、あまりホルモンを食べないんだな」と思い込んでいた。

それで鄭さんは、私をびっくりさせようと、馬山にあるホルモン専門店に連れてきてくれたのだ。

「韓国では、ホルモン焼きも専門店に行かないとないんですよ。もともとホルモン専門店自体が珍しいから、今日はここに来ようと思ったんです。どうです、日本とは全然違うでしょう」

鄭さんは日本の食肉事情にも詳しいから、日本人がホルモン焼きを好むのを知っていて、私を喜ばせるつもりで連れてきてくれたのだ。

私が食べたのは、事前にタレ漬けされた牛ホルモンを鉄板の上で焼いたもので、とても美味しかった。通訳嬢も「ホルモンは初めて食べますけど、おいしいですね」と言っていたので、確かに珍しいのだろう。

「韓国では、ホルモンを出す店は珍しい」という話をすると、ほとんどの日本人が驚く。おそらく在日韓国・朝鮮人のイメージが強いのと、韓国に観光で行った人でもツアーにソウルの肉市場、馬場洞が組み込まれているため、今まで疑問に思わなかったのかもしれない。

## 在日特権

ここでちょっと話を変えて、いま在日韓国・朝鮮人を攻撃するときに使われている「在日特権」と呼ばれるものについて考えてみたい。

同世代の在日の知人に訊ねたところ、路地と同じく在日も「民族差別って今でもあるの」と訊ねられるくらい、表立った差別はなくなったと言う。そして現在は「在日特権ってあるの」と訊ねられることが多くなった。

「在日にそんな特権があるということは聞いたことなかったが、実際のところ、在日特権というのはあるのか」

私がそう訊ねたところ、彼は笑ってこう言った。

「あるとも言えるし、ないとも言えるね。例えば韓国・朝鮮という外国籍を持っているのに生活保護が受けられる、朝鮮学校へ補助金が出ている、税金を払わなくてもいい、といったところが〝特権〟だと言われる根拠になっている。しかしそれは、例えば朝鮮総連（在日本朝鮮人総聯合会）の力が強かった一九六〇年代から八〇年代の話で、もはや過去の話だよ」

まず民族学校は「各種学校」、「外国人学校」のカテゴリーに入れられ、補助金の支出は各自治体に任せているが、現在はほとんどの自治体が他の外国人学校と同一ルールで補助金を出している。逆に、東京や大阪では「問題がある」として現在は支出が凍結されている。

また税金に関しては、朝鮮総連商工連合会と国税局との間で密約があったとされるが、国税局は否定している。実際のところは、朝鮮総連の力が強かった時代には交渉が行われて優遇されていた時代もあったようだが、二〇〇六年の第一次安倍内閣時代の頃から厳格化され、現在、そのようなことはなくなったという。

「それを在日特権だ、という人にとっては、確かに在日特権はあったんだろう。しかし、それはもう過去の話で、オレの世代（三〇代）でそれを感じてる奴はほとんどいない。だから人によってあるとも言えるし、ないとも言えるということなんだ。オレ個人は『ない』と断言できる」

つまり朝鮮総連などが強かった時代はあったが、今はほとんど無くなったというのが実情のようだ。

そうした意味では、「同和利権」とよく似ている。社会的弱者に優遇制度が認められた時代は終わったのだが、格差社会の到来と共に、それに対する反動が起きているのだ。

私はそれよりも、日本で生まれ育った在日の三世、四世たちが日本に住み、ハングル語よりも日本語の方が母語となっているのに、帰化しないことに問題の根本があるように感じる。在日の問題は、そこに集約されるからだ。アメリカでは一世から帰化している。この差はどこからくるのか。歴史なのか、アイデンティティーなのか、ただの意地なのか。

しかし、何となくわかるのは、東京に住む私も、まだ路地である更池に戸籍をおいている。戸籍というのは、実際はただの紙切れであるのだが、私は今でもこれにこだわっている。

それはやはり、路地出身者だということを証明する唯一の公的文書だからなのだが、祖国でありルーツである韓国・朝鮮に強い思いをもつ在日なら、なおさらそうなのかもしれない。在日でも帰化して、日本人として暮らしている人も多いことを思うと、一口に在日といっても、個々人によってさまざまな思いがあり、非常にデリケートな問題であることは確かだ。

### 焼肉のルーツ

日本で初めて焼肉店を開いた、と謳っている大阪「食道園」のサイトにはこう書かれている。

――いい焼肉店は、焼いた後タレをつけて食べます。いい焼肉店は、煙が出ません。なんだ、あたりまえのことばかりじゃないかと思いますか？　実は食道園が創業した1946年頃には、どれもこれもが世界で初めての革新的なことだったのです。

もともと焼肉料理は韓国がルーツですが、焼肉は、新鮮なお肉をすばやく味付けし、焼きながら食べるのが最高です。このシステムを最初に考えたのは、食道園です。初めてお肉の部位ごとに味付けをしたのは、食道園です。

みなさんが「焼肉のタレ」というとき、焼いた後でつける「つけタレ」のことではないでしょうか。

あのタレは、焼きたてのお肉を冷ますのが目的だったのです。

それぞれの焼肉屋さんが自慢のタレをお持ちですが、初めて「つけタレ」を考えたのは、食道園です――（一部略）

在日韓国人による「食道園」が第二次大戦後、いち早く焼肉店を開いたのは確かだ。サイトには「焼肉＝韓国料理」となっているが、その是非は置いておいて、とりあえず「焼肉＝在日ルーツ説」を根強くさせたのは「食道園」など、在日系の焼肉屋によって広められた。

しかし、それが本当に「日本の焼肉」のルーツの全てかといえば、そうではない。ここにはやや複雑な事情が含まれている。

佐々木道雄氏の労作『焼肉の文化史』(明石書房) には、この日本の焼肉 (精肉とホルモン) について詳しく資料を網羅し、考察されている。

現在の焼肉、中でもホルモン焼きがどのようにして誕生したのか、この『焼肉の文化史』に沿って考えてみたい。

**日韓の牛肉食**

実は韓国でも、屠牛が禁止されていた時期がある。

まず韓国がまだ高句麗、百済、新羅に分かれていた三国時代に仏教が伝来すると、日本と同じようにむやみな殺生が禁じられた。これが解禁されるのは、李氏朝鮮時代 (一三九二~一九一〇) からだ。

李氏朝鮮時代は非常に長いので一概に言えないが、まず儒教を国是としたことで、これまでの肉食のタブーが無くなる。反対にそれまで勢力をもっていた仏教は弾圧され、寺は、屠殺を生業とする白丁の集落に移転させられる。

しかし牛肉食は、すぐには無くならなかった。

三国時代からある仏教の影響と、農耕に牛が必要という現実的な問題から、何度も牛肉食禁止令が出ているが、これは建前に終わる。実際には白丁によって解体された牛の肉や内臓は売買されており、その買い手のほとんどは支配層である両班だったからだ。この辺りは、日本でも江戸時代に牛肉を食べていたのが穢多と大名、一部の武士に限られていたのとよく似た状況だ。

そのため朝鮮半島では牛肉食は続けられていくが、牛肉はやはり高価であったため、李氏朝鮮時代末期までは白丁と両班以外の、庶民の口に入ることはほとんどなかった。

この頃の朝鮮半島では牛肉をタレに漬けて食べていたのだが、これは臭みを消すためであった。主に鉄板で焼かれるようになり、網焼きするときも、水で濡らした紙を敷いて、その上で焼いていた。

これはおそらく、タレ漬けした肉が焦げやすいからだろう。このため韓国では今でも、鉄板を使って焼き、焦げる前にさっと店の人が脇に寄せるか、切り分けて皿にとってしまう。

私もこれを何度も経験して、「韓国人はせっかちだな」とか「早く食って帰れ、という意味かな」などと意地悪に考えていたのだが、韓国では単に、肉を焦がすのをひどく嫌う文化があるのだ。

魚でも、粕漬けや味噌漬けにしたものは焦げやすいが、これと同じことが牛肉でも起こっていたので、そういう習慣になっていったのだろう。

かたや日本では、穢多によって死牛馬が解体されていたので、肉も内臓も食べていた。煮て食べるのはもちろん、焼いて食べてもいた。

ただしこの頃、精肉以外で主に食べていた内臓は、心臓や肝臓と胃の部分で、糞尿が付いて処理が難しかった大小腸は炒り揚げてヘットを取り、その残りカスを食べていた。残ったアブラカスは、畑の肥料にも使われていたようだ。

肉を焼く文化については、マタギを含め、地方ではイノシシなどを焼いて食べていたし、アイヌも熊や鹿などを焼いて食べていた。これらは牛肉ではないが、焼いて食べる文化自体は、庶民の間でも普通にあったことがわかる。

明治になって牛肉食が庶民にも広まると、文明開化と共に、牛肉食がハイカラなものとして持て囃《はや》されるようになる。

これが例えば東京などで爆発的に広まったきっかけは、「焼き鳥」と称した、その実「牛・豚の内臓の串焼き」の登場だった。浅草辺りでは「焼き鳥」と称していながら、実は犬肉ということもあった。これは車夫など下層階級の食べ物だったという。

関東でホルモンの串焼きが、なぜ「焼き鳥」を騙《かた》ったかというと、それは当時、牛肉よりも鶏肉の方が高価だったからだ。

大正一三年（一九二四）の小売価格では、鶏肉と牛肉は、実に一・六倍の差があった。内臓はさらに顕著で、昭和一六年（一九四一）の記録ではトリモツは、牛の内臓の実に二倍になっている。

そのため大店《おおだな》の人が食事に行く時は、番頭は牛肉料理屋で、旦那衆は鳥肉料理屋に行ったという。

この傾向は戦後になってもしばらくは続き、価格は鶏、豚、牛の順で高かった。現在、チェーン展開されている「吉野家」などの牛丼が関東で流行ったのも、実は当時、牛肉は鶏肉より安かったからだ。この頃は精肉だけでなく、内臓の煮たのをどんぶりにして出す店もあった。

そのため関東では「焼鳥屋」と称していても、実際は牛豚の内臓が多かった。中でも関東は歴史的に牛肉食があまり盛んではなかったこともあり、明治に入ってから飼育が奨励された豚肉を使うことが多かった。それが今でも関東で残る豚肉文化であり、「ヤキトン」のルーツともなった。

関東で「ヤキトン」が増えるようになったのは、時代が落ち着いてくるのと同時に、焼鳥屋と称して豚モツなどを出すのはおかしいから止めよう、「ヤキトン」にしようという動きが起こったからだ。ただしこれは関東での現象で、もともと牛肉食に親しんでいた大阪で今でも「ヤキトン」をほとんど見ないのは、このためだ。

この「鶏肉が高くて牛肉が安い」という状況が逆転するようになったのは、昭和三六年（一九六一）以降のことで、日本の高度経済成長期にあたる。現在の「焼肉屋」が増え始めるのも、この頃のことだ。

当時、なぜ鶏肉の方が高かったのかというと、まだ鶏肉はブロイラーの導入前（ブロイラーの流通は昭和四〇年以降）だったので大量生産できなかったのと、牛や豚は「四つ足」の動物だからという理由で忌避されていたからだ。これは路地に対する蔑称に「ヨツ（四足の意）」という言葉が残っていることからもわかる。

関東では特にその忌避感が強く、明治三八年（一九〇五）の山梨県では、牛の精肉や内臓を売るときは、「他聞を憚りながら低音で売り歩」いていたという。しかし「意外に買い手多し」と付け足されているところを見ると、建前と本音があったことがわかる。

また明治四三年（一九一〇）の朝鮮併合により、朝鮮人労働者が大量に流入してくると、路地の内臓食にも変化が出てきた。

例えば岡山の路地では内臓は食べていたが、脾臓は捨てていたため、朝鮮人から「日本人はバカだ、一番栄養のあるところなのに」と言われ、それからは脾臓もアブラカスにして食べるようになったという。

ただ大阪をはじめとする関西圏では、牛の内臓食は以前から盛んだったと考えられるから、これは当てはまらないかもしれない。しかし全国的には路地の食文化に加え、内臓食に偏見をもたなかった朝鮮人労働者の影響も大きかったことがわかる。路地と在日朝鮮人は近くに住み、互いに交流することも多かったからだ。

この頃、都市部で下層民向けに広まったホルモン焼きの古い調理法は、現在も大阪では新世界や、日雇い労働者の集まる釜ヶ崎などで見ることができる。

これは串焼きではなく、鉄板の上でタレと共にざっと焼いたもので、皿にもって食べる。現在でも一皿一〇〇円くらいで食べることができるが、この調理方法は、大正一〇年（一九二一）には、すでに大阪の路地でおこなわれて販売されていた。これが現代でも見ることのできる、ホルモン焼きのルーツの一つだ。

昭和五〇年代の西成の風景を描いた名作漫画『じゃりン子チエ』で、主人公のチエが働く店では串に刺したホルモンを出している。この頃まではまだホルモンの串焼きがあったことがわかる。関東で「焼き鳥」と称して流行ったホルモンの串焼きは現在、大阪ではほとんど見ることができない。

大阪のホルモン焼きは、朝鮮人の流入を経て、やがて戦後の本格的な「焼肉屋」につながっていくことになる。

### ホルモンと「放るもん」

こうして路地から一般へと広まって行った牛の内臓料理だが、広まるにつれていつの間にか「ホルモン」と呼ばれるようになる。

この名の由来だが、大きく分けて二つの説がある。

① 今までは「放るもん（捨てるもの）」だった内臓を、流入してきた朝鮮人労働者が拾って食べるようになった。

② 元気がつきそうだから、という理由で医学用語からとった。

「放るもん」説は今でも根強いが、はっきりいって、まったくの嘘である。

もうネットでもこの真偽が出回っていることもあり、ここに書くべきものなのかと、私も迷ったのだが、こんなことを改めてインターネットで調べる物好きな人も少ないようで、

「ホルモンって、大阪弁の『放るもん』が語源なんですよね」

などと、今も見知らぬ人からもその説を肯定することを迫られることが多いので、やや七面倒くさいが簡単に記しておく。

まず「放るもん」説の責任は、大阪人にある。

もともとが大阪弁なのだから、これは疑いようもない事実だ。

面白おかしく語呂合わせして言った言葉で、大阪人らしいといえばその通りだが、こ

れが戦後、いくつかあったホルモン・ブームに乗って全国に広がってしまったので、もはや収拾のつかない状態である。

まず歴史的に、内臓は路地で食べられてきた。だから内臓は〝放るもの〟ではなかった。これは朝鮮人も同じで、李氏朝鮮時代になって肉食タブーが緩やかになった朝鮮半島では内臓も食べていた。

俗説とはいえ、「放るもん」とホルモンの語呂合わせは面白いと私も思うし、はっきりいってどうでもいい話だと思うのだが、興味深いのは、この説にはそれらを盛んに食べてきた路地の人々と朝鮮人、ひいては在日に対する無意識下の蔑視を感じる点だ。なぜなら「捨てる物を食べている」と言っているからだ。路地や在日の人々は決して、捨ててあったものを拾って食べていたわけではない。

ホルモンという名のルーツとして正しいのは、②の「医学用語からとった」という説で、これは体内の分泌物質を意味するドイツ語の医学用語のホルモンからきている。ホルモンという名称自体は一九〇五年にイギリスのスターリングらによって提唱されたのが始まりだ。

しかし、日本で内臓のことをホルモンと呼ぶようになったのには、やや複雑な経緯がある。

まず大阪の洋食屋「北極星」が昭和一五年（一九四〇）九月に、洋風の内臓料理（煮込みなど）を「ホルモン」という称呼で商標登録したことが、ルーツだとされている。

しかし、実際にはそれ以前から「ホルモン料理」という言葉があって、それが大きく世に喧伝されたのは昭和一一年（一九三六）にあった日本赤十字社主催の「ホルモン・ビタミン展覧会」だ。これは医学的な見地からホルモンを知るための真面目な展覧会で、ホルモン料理についても、「日本人にとって大切な働きをする食べ物」だと紹介している。

「北極星」の創業者北橋茂男は、オムライスやお好み焼のルーツとなった「洋食焼」を考案したことでも知られるが、商才に長《た》けた北橋は、このホルモンを商標登録して、独占しようとした。しかしホルモンの名は医学用語であり、「ビタミン」のように汎用《はんよう》性のある名だったので、実際には「北　ホルモン」として登録許可されていたに過ぎない。

北橋茂男はその後、庶民の間で広がるホルモン・ブームを目の当たりにして、「自分が商標登録したのに」と悔しがったが、「ホルモン」だけでは登録できなかったのが本当のところだ。ホルモンは医学用語なのだから当たり前だ。

とはいえ、北橋が内臓のことを体力増強、滋養強壮に効く「ホルモン」とハイカラに名付けた影響は少なくなく、ホルモンという名が広まる一因にもなった。

### 焼肉はソウルフード

結論から言うと、現在の焼肉は、間違いなく在日が作りだしたソウルフードだ。

ただし、この在日と路地は複雑に絡み合っている。

まず日本のホルモンは、すでに路地で盛んに食べられていた。そこに朝鮮人の流入があり、路地と在日朝鮮人は不可分な関係になる。朝鮮での焼肉は、日本のすき焼きに似たプルコギと、骨付きカルビを焼いたものがあるが、日本では見られなかった。

逆に路地の料理もまた、煮たり、炒り揚げたりが主体で、現在の焼肉のスタイルとは違っていた。どちらにしても現在の焼肉屋で出しているものとはまったく違うものだ。

古来より精肉、ホルモンともに扱ってきたのは路地の者たちである。だから朝鮮人が流入してきたとはいえ、直接彼らが屠殺して手に入れることはほとんど出来なかった。これは路地の者たちで独占されていたからだ。

つまり、二つの文化が交錯して、今日の焼肉が誕生したのである。ともに見下されてきた路地と在日が親密な関係にあった事実からも、そう考えるのが自然だと思う。

つまり日本の焼肉は、在日と路地の食文化の融合が発端であった。まず日本の食肉文化が基本にあり、そこに在日の者たちが創りあげた文化が合流した。これが現在の焼肉のルーツなのだ。

明治四三年（一九一〇）の朝鮮併合から始まった朝鮮人の流入は、三五年の歳月をへて、今の日本の「焼肉」というソウルフードを創りあげ、それが日本全国に広まったのだ。

その証拠に、大阪をはじめとする関西圏では在日系の焼肉屋と、路地系の焼肉屋が今でも混在している。この両者の違いは、一見しただけではわからないが、知っている者が見ればすぐにわかる。

まず焼肉以外の料理でわかる。例えばコムタン、つまりテール・スープを注文すると、在日系は骨を丁寧に潰しているのでスープが白く混濁しているが、路地系は透明に近い。また路地系では、在日系にはないメニュ、例えばミノを湯通しして「洗い」にしたものを出したりもする。これは路地の調理法だ。

路地は上手に在日の編み出した焼肉から学び、在日は路地から牛の精肉や内臓一切を譲り受けて、今のスタイルを確立させたのである。

焼肉は在日が作りあげてきた食文化であると共に、日本の内臓食を飛躍的に発展させた一つの頂点でもあった。

焼肉が在日のソウルフードであることに疑いの余地はない。

問題なのは、ここに路地が関与していたという視点が抜け落ちている点だ。一般の認識では、近代に入ってから朝鮮人が流入して、焼肉、つまりホルモン焼きがいきなり始まったことになっている。

日本のホルモン料理の歴史の中で路地が関係していた事実は、半ば意図的に消された状態であった。在日と違い、路地の人々も公にしたがらなかったからだ。

これについて、日本の焼肉文化を追求してきた研究者の佐々木道雄氏はこう憂慮している。

――学問が発達し、細かな部分にも多くの研究者が存在する日本で、戦前の内臓食というきわめて基本的な研究が、空白のまま残されてきたのはなぜだろう。戦前の料理書を始めとして、内臓食に関する研究はあちこちに見られ、比較的に取り組みやすい研究対象であるようにも思えるのに、調査する人が現れなかったのはなぜだろう。

それには、牛豚の内臓食は部落（被差別部落）や在日のものであるという先入観がまずある。次いで、内臓食の研究をすることはすなわち、部落や在日の問題とコミットすることになると考え、これを避けようとする意識が働いたのではないだろうか。つまり、日本社会に巣くう差別意識がこの根底にあるような気がする。

内臓食の歴史は、日本の食文化を解析し理解するためには重要なテーマの一つである。そのうえ、資料は豊富に残されており、研究を進めるのにそれほどの困難はない。偏狭な差別意識を廃し、歴史の空白部分となってきた内臓食史の研究に取り組む人が、一人でも現れることを願ってやまない――（カッコ内著者）

佐々木氏がここで指摘しているのは、マタギも含めた日本の内臓食一般についてだが、そこにはもちろん路地も含まれている。

タブー意識から、焼肉も含めた日本のホルモン料理と路地との関連が意図的、または無意識下で消し去られ、在日の食文化のみに特化して語られるようになってしまった。

焼肉、つまりホルモン焼きというのは、かように複雑な経緯をもつ在日の、そして日本のソウルフードなのだ。

# あとがき



　今からちょうど一〇年前に出した『被差別の食卓』（新潮新書）は私のデビュー作で、この本はその「国内編」ということになる。

　日本国内のソウルフードについては、路地（同和地区）以外でも当初から興味をもっていた。学生のときに二風谷でアイヌ料理について知ったときからだから、もう二〇年以上前になる。

　しかし『食卓』を出した頃は、今からでは考えられないほど、まだ同和タブーが厳しかった。それで他の素材を海外に求め、最終章にようやく日本の路地（同和）の食について簡単に触れられた。当時はそんなレヴェルで、とても国内編だけで本を書けるような社会状況ではなかった。

また『食卓』では、原稿用紙に換算すると五〇〇枚ほどあったのを、新書用に二三〇枚にしたのだが、これもまた非常に難しかった。しかしテーマ的に多くの人に軽く読んでもらいたいと思い、敢えて新書判での刊行としたが、結果的にはそれで良かったと思っている。いずれ完全版を出そうと思っていたが、十数回にわたる引っ越しで資料が散逸して、自分でもまとめきれないまま現在に至っている。

今回、一〇年経って国内編を出せることになったのは、まずアイヌについて、自分なりに答えが出たからだと思う。アイヌという〝他者〟を書く困難は、私の中でかなり大きな課題だった。

類書が多いということも腰の重い理由の一つだが、アイヌ問題を充分に捉えきれていないのではないかと、いつまでも自問自答を繰り返すばかりで、この二〇年、自分の中でほとんど進展がなかったのである。

その突破口となったのが、ニブフ、ウィルタの北方少数民族への取材だった。北海道とサハリンでの取材によって、アイヌも見えてきたのである。つまり、結局アイヌ問題は自分にとって温感ではわからないのであり、「食」という糸口で語ることしか自分にはできないのだという一種の開き直りである。ニブフやウィルタとの出会いは、私を固定観念から解放してくれた。

　またこの十数年の間に、焼肉についての研究が進展したのも、執筆できるようになった要因の一つであった。日本のソウルフードを語るうえで、在日の食文化は絶対に外せないと思っていたからだ。すでに韓国取材で「焼肉」が日本にしかないことはわかっていたので、路地の食文化とつながることで一気にその世界が広がったのは、地道な先行研究のおかげであった。

　だから、この本が出せるようになったのも、時代のおかげかなと思う。この一〇年、私は、自分一人で夢中になって世界を切り拓いてきたと思っていた。しかし積極的な意味で、自分もまた時代に生かされてきたのだなと思うようになった。そうして私なりに謙虚になった分、沖縄の食事についても取材して書けるようになった。

　本書で紹介した料理の中には、焼肉のように全国的に広がったものがある反面、消滅しつつあるものも少なくなく、すでに消滅してしまった料理もある。

　沖縄で聞いた「食は命そのものでしょう」という言葉が表わしているように、食文化というのはその土地の人間にとって切実な「おふくろの味」でもある。言語と同じように、いったん失われたものを復活させることも意外と難しい。「アイヌは口承文化」とよく言われるが、食事もまた、手とり足とりして伝える口承文化の一形態といえるからだ。


長い間、私は「食」とは何かを考え続けてきた。

あるグルメライターが「極論すれば、味付けというのは塩加減なのだと思う」と書いているのを見たとき、私は思った。「その半分は精神性である」と。

簡単にいえば、誰と食べるか、お洒落な雰囲気か、屋台か。なぜ高級な鮨屋や天ぷら屋に、緊張感がいるのか。フランスのミシュラン三ツ星の店内はなぜ装飾過多なのか。

私は納得するまで、超のつく高級店からスラムでの炊き出しまで、海外はもちろん全都道府県の店をくまなく回った。たいていは一人だったが、二、三人だったこともある。

そこで得たのは、料理というのは、半分は精神性で決まるというものだった。何も「恋人と食べたら何でもおいしい」、「空腹が最高の調味料」などと主張しているのではない。料理の半分はもちろん「味」で決まる。味も大切なのだ。しかし高級店では、内装とサーブがかなり大きな比重を占めることからもわかるように、精神性というのは、食の要でもある。

また、他者を寄せ付けない味に出会ったときの衝撃といったらない。自分には全く美味しくない、二度と食べられないほど不味いのに、その味で育った者には涙が出るほどおいしいのだ。これはどういうことだろうか。

海外で、また日本でそのような料理に出会ったとき、私は「食」の奥深さは、具体的な調理法はもちろんだが、精神性も大きいのだと認めざるを得なかったのである。

一方で、そのような精神的な要素が大きな割合を占める料理は、調理法をちょっと工夫することによって、他者も楽しめるようになるものだ。「食」というものが、調理法と精神性で成り立っていると私が主張する根拠がここにある。「食」の奥深さは、正にこの点にある。それゆえ、一つの料理に対しても、多くの誤解、そして齟齬が生まれやすいのである。

料理にとっての精神性とは、多くの場合、雰囲気だけではない。雰囲気というのは心理であり、精神性の一つでしかないからだ。

料理の精神性とは、その料理の生まれ、歴史、場所から生じる。場所とは海外でいえばどの国の料理か、どこで生まれた料理なのか。それをどこで食べたのか。料理人はどこの誰なのか。さらに料理人の心身の状態は万全だったのかまで含まれる。

これは日本各地の料理もまた、同じことがいえる。

身体と精神を分けて考えられないように、食もまた、味と精神性を切り離すことはできない。精神性の弱い料理はいくらおいしくても、どこか寂しく、うら悲しい。そして食後感は虚しくなる。

本書のテーマであるソウルフードは、直訳すれば「魂の料理」となる。今回は食の中でも、特に精神性、つまり「魂」の部分に焦点をあてた。だから本書で紹介した、ちょっと変わった料理によって、「食」に対する見方が少しでも深まれば幸いだと思っている。

また取材に協力していただいた皆さんのおかげで、より多くの人に本当の意味での〝日本のソウルフード〟を紹介することができた。特に記して感謝したい。

本書は、「週刊新潮」(二〇一四年一〇月一六日号)掲載の【日本の「ソウルフード」グルメ道案内　関西編】および、同誌(二〇一四年一一月六日号)掲載の【日本の「ソウルフード」グルメ道案内　北海道・沖縄編】で発表したものに大幅に加筆、改編し、新たに書き下ろしを加えたものです。

本書に掲載の写真は、著者が撮影したもの、および、取材対象者から許諾の上、著者が提供を受けたものです。

上原善広　1973（昭和48）年大阪府生まれ。『日本の路地を旅する』で大宅壮一ノンフィクション賞受賞。著書に『被差別の食卓』『聖路加病院 訪問看護科』『私家版差別語辞典』『異形の日本人』等。

Ⓢ新潮新書

640

被差別《ひさべつ》のグルメ

著　者　上原善広《うえはらよしひろ》

2015年10月20日　発行
2023年6月30日　3刷

発行者　佐藤隆信

発行所　株式会社新潮社

〒162-8711　東京都新宿区矢来町71番地
編集部(03)3266-5430　読者係(03)3266-5111
http://www.shinchosha.co.jp

印刷所　錦明印刷株式会社

製本所　錦明印刷株式会社



ISBN978-4-10-610640-8　C0236

Ⓢ新潮新書

426
新・堕落論
我欲と天罰
石原慎太郎

未曾有の震災とそれに続く原発事故への不安——国難の超克は、この国が「平和の毒」と「我欲」から脱することができるかどうかにかかっている。深い人間洞察を湛えた痛烈なる「遺書」。

434
暴力団
溝口敦

なぜ撲滅できないか？ 年収、学歴、出世の条件は？ 覚醒剤はなぜ儲かる？ ヒモは才能か？ 警察との癒着は？ 出会った時の対処法とは？ 第一人者による「現代極道の基礎知識」。

975
プリズン・ドクター
おおたわ史絵

純粋に医療と向き合える「刑務所のお医者さん」は私の天職でした——。薬物依存だった母との関係に思いを馳せつつ、受刑者たちの健康改善のために奮闘する「塀の中の診察室」の日々。

527
タモリ論
樋口毅宏

タモリの本当の〝凄さ〟って何だろう——。デビュー作でその愛を告白した小説家が、サングラスの奥に隠された狂気と神髄に迫る。読めば〝タモリ観〟が一変する、革命的芸人論。

581
日本の風俗嬢
中村淳彦

どんな業態があるのか？ 収入は？ 女子大生と介護職員が急増の理由は？ どのレベルまで就業可能？ 成功の条件は？ 三〇万人以上の女性が働く、知られざる業界の全貌。

Ⓢ新潮新書

601 沖縄の不都合な真実 大久保潤 篠原章

「カネと利権」の構造を見据えない限り、基地問題は解決しない。政府と県の茶番劇、公務員の君臨、暮らしに喘ぐ人々、異論を封じる言論空間など語られざるタブーを炙り出す。

605 無頼のススメ 伊集院静

情報や知識、他人の意見や周囲の評価……安易に頼るな、倒れるな、自分の頭と身体で波乱万丈を突き抜けろ。著者ならではの経験と感性から紡ぎだされる「逆張り」人生論！

613 超訳 日本国憲法 池上彰

《努力しないと自由を失う》《働けるのに働かないのは違憲》《結婚に他人は口出しできない》《「戦争放棄」論争の元は11文字》……明解な池上版「全文訳」。一生役立つ「憲法の基礎知識」。

625 騙されてたまるか 調査報道の裏側 清水潔

桶川・足利事件の報道で社会を動かした記者が、白熱の逃亡犯追跡、殺人犯との対峙など、凄絶な現場でつかんだ〝真偽〟を見極める力とは？報道の原点を問う、記者人生の集大成。

633 大放言 百田尚樹

数々の物議を醸してきた著者が、ズレた若者、偏向したマスコミ、無能な政治家たちを縦横無尽にメッタ斬り！　綺麗事ばかりの世に一石を投じる、渾身の書下ろし論考集。